COMO OS GERENTES APRENDEM?

www.saraivauni.com.br

COMO OS GERENTES APRENDEM?

ANIELSON BARBOSA DA SILVA

CORTESIA DA EDITORA E DO AUTOR

Editora Saraiva

Editora Saraiva

Rua Henrique Schaumann, 270   CEP 05413-010
Pinheiros   Tel.: PABX (0XX11) 3613-3000
Fax: (11) 3611-3308   Televendas: (0XX11) 3613-3344
Fax Vendas: (0XX11) 3611-3268   São Paulo – SP
Endereço Internet: http://www.editorasaraiva.com.br

Filiais

AMAZONAS/RONDÔNIA/RORAIMA/ACRE
Rua Costa Azevedo, 56 – Centro
Fone/Fax: (0XX92) 3633-4227 / 3633-4782 – Manaus

BAHIA/SERGIPE
Rua Agripino Dórea, 23 – Brotas
Fone: (0XX71) 3381-5854 / 3381-5895 / 3381-0959 – Salvador

BAURU/SÃO PAULO
(sala dos professores)
Rua Monsenhor Claro, 2-55/2-57 – Centro
Fone: (0XX14) 3234-5643 / 3234-7401 – Bauru

CAMPINAS/SÃO PAULO
(sala dos professores)
Rua Camargo Pimentel, 660 – Jd. Guanabara
Fone: (0XX19) 3243-8004 / 3243-8259 – Campinas

CEARÁ/PIAUÍ/MARANHÃO
Av. Filomeno Gomes, 670 – Jacarecanga
Fone: (0XX85) 3238-2323 / 3238-1331 – Fortaleza

DISTRITO FEDERAL
SIG Sul Qd. 3   Bl. B   Loja 97 – Setor Industrial Gráfico
Fone: (0XX61) 3344-2920 / 3344-2951 / 3344-1709 – Brasília

GOIÁS/TOCANTINS
Av. Independência, 5330 – Setor Aeroporto
Fone: (0XX62) 225-2882 / 212-2806 / 224-3016 – Goiânia

MATO GROSSO DO SUL/MATO GROSSO
Rua 14 de Julho, 3148 – Centro
Fone: (0XX67) 3382-3682 / 3382-0112 – Campo Grande

MINAS GERAIS
Rua Além Paraíba, 449 – Lagoinha
Fone: (0XX31) 3429-8300 – Belo Horizonte

PARÁ/AMAPÁ
Travessa Apinagés, 186 – Batista Campos
Fone: (0XX91) 3222-9034 / 3224-9038 / 3241-0499 – Belém

PARANÁ/SANTA CATARINA
Rua Conselheiro Laurindo, 2895 – Prado Velho
Fone: (0XX41) 3332-4894 – Curitiba

PERNAMBUCO/ALAGOAS/PARAÍBA/R. G. DO NORTE
Rua Corredor do Bispo, 185 – Boa Vista
Fone: (0XX81) 3421-4246 / 3421-4510 – Recife

RIBEIRÃO PRETO/SÃO PAULO
Av. Francisco Junqueira, 1255 – Centro
Fone: (0XX16) 3610-5843 / 3610-8284 – Ribeirão Preto

RIO DE JANEIRO/ESPÍRITO SANTO
Rua Visconde de Santa Isabel, 113 a 119 – Vila Isabel
Fone: (0XX21) 2577-9494 / 2577-8867 / 2577-9565 – Rio de Janeiro

RIO GRANDE DO SUL
Av. A. J. Renner, 231 – Farrapos
Fone: (0XX51) 3371-4001
Porto Alegre

SÃO JOSÉ DO RIO PRETO/SÃO PAULO
(sala dos professores)
Av. Brig. Faria Lima, 6363 – Rio Preto Shopping Center – V. São José
Fone: (0XX17) 227-3819 / 227-0982 / 227-5249 – São José do Rio Preto

SÃO JOSÉ DOS CAMPOS/SÃO PAULO
(sala dos professores)
Rua Santa Luzia, 106 – Jd. Santa Madalena
Fone: (0XX12) 3921-0732 – São José dos Campos

SÃO PAULO
Av. Marquês de São Vicente, 1697 – Barra Funda
Fone: PABX (0XX11) 3613-3000 / 3611-3308 – São Paulo

ISBN 978-85-02-07878-9

**CIP-BRASIL CATALOGAÇÃO NA FONTE
SINDICATO NACIONAL DOS EDITORES DE LIVROS, RJ**

S195c

Silva, Anielson Barbosa da
   Como os gerentes aprendem? / Anielson Barbosa da Silva. - São Paulo : Saraiva, 2009.

   Inclui bibliografia
   ISBN 978-85-02-07878-9

   1. Gerentes - Treinamento. 2. Administração de empresas. I. Título.

09-0048.   CDD: 658.4
                                                  CDU 65.012.4

Copyright © Anielson Barbosa da Silva
2009 Editora Saraiva
Todos os direitos reservados.

Diretora editorial: Flávia Helena Dante Alves Bravin
Gerente editorial: Marcio Coelho
Editoras: Rita de Cássia da Silva
   Juliana Rodrigues de Queiroz
Produção editorial: Viviane Rodrigues Nepomuceno
Suporte editorial: Rosana Peroni Fazolari
Marketing editorial: Nathalia Setrini
Aquisições: Gisele Folha Mós
Arte e produção editorial: Crayon Editorial
Capa e projeto gráfico: Alberto Mateus

Nenhuma parte desta publicação poderá ser reproduzida por qualquer meio ou forma sem a prévia autorização da Editora Saraiva.
A violação dos direitos autorais é crime estabelecido na Lei n. 9.610/98 e punido pelo artigo 184 do Código Penal.

*Este livro
é dedicado
a Aninha,
Gabriel e
Rafael,
os grandes
amores da
minha vida.*

Prefácio

Quem está preparado para casar? Ou para ser pai, ou mãe? E quem está de fato preparado para ser gerente? Ninguém está completamente pronto. Mas é possível aprender.

Este livro não ensina como ser gerente. Ensina mais. Não dá o peixe, ensina a pescar. O que o livro discute é a essência da boa pesca executiva: a forma como os gerentes aprendem.

Compreender como esses profissionais se desenvolvem e como aprendem talvez seja ainda mais importante na chamada "era do conhecimento". Em uma era em que o valor está muito além do tangível e a velocidade das mudanças surpreende sempre, em um momento que brotam *Googles, Skypes* e *YouTubes*, e que, na mesma velocidade, desaparecem grandes corporações como os bancos *Lehman Brothers* e *Merrill Lynch,* qual organização pode se dar ao luxo de viver sem gerentes capazes? E se o valor na carreira gerencial está no conhecimento, como apropriar-se dele? Como aprender o novo, o impensado? Esse é o estudo proposto nestas páginas.

A obra do professor Anielson Barbosa da Silva é um livro-conceito que discute amplamente o modo como os gerentes aprendem. É um livro técnico (afinal, seu autor é um pesquisador), mas de facílima compreensão (apesar de seu autor ser um pesquisador). É uma obra de reflexão para as pessoas comprometidas com o aumento da qualidade da gestão, interessadas em criar e viver uma organização de alta performance. Este é um livro para diretores de RH, gerentes de treinamento, CEO's, empresários, sociólogos, psicólogos, professores de graduação e de pós-graduação. Penso que o livro, apesar de intitulado *Como os gerentes aprendem?* não é um livro para qualquer gerente. Não é para o gerente medíocre, mas para o gerente interessado em ser mais que um mero gestor de ações e de pessoas. É um livro para gerentes que têm em seu DNA genes de acionista e de pesquisador; genes de professor e de sociólogo; genes de psicólogo e de filósofo. É para os gerentes inquietos, exatamente do tipo que todo CEO visionário quer contratar.

Gerenciar envolve gestão de pessoas, de resultados, da pressão e do *stress*. Gerenciar tem que ver com a rotina dos relatórios, das apresentações, das reuniões e também com o clássico conflito capital *versus* trabalho. Gerenciar envolve mensurar, economizar, rentabilizar, conquistar, ampliar. Gerenciar quer dizer ganho de produtividade e pró-atividade, mas também quer dizer educar, formar, ver, enxergar. Compreender. Gerenciar é saber manter o sigilo, buscar a informação, planejar e desenhar a estratégia e a tática. Gerenciar significa construir elos fortes, alianças sólidas e também doar-se, ter maior compromisso e buscar o compromisso de outros. Gerenciar é motivar e se auto-motivar. É negociar, "ler" o outro, lidar com os medos, assumir – ou não – riscos. Gerenciar é lidar com o fascínio do poder e manter o ego sob controle, inclusive o dos outros. Gerenciar quer dizer "encantar", tanto aos subordinados como aos superiores hierárquicos. Encantar clientes, sim, mas fornecedores também. Encantar inclusive aos acionistas ou potenciais investidores.

Essa seguramente não é a lista completa do que significa ser gerente, mas já dá uma boa idéia de quão complexo é o cargo.

Mas gerenciar talvez seja, sobretudo, aprender a lidar com as emoções: próprias e alheias. E o livro do professor Anielson Barbosa da Silva é rico em exemplos e estudos sobre a importância do gerente lidar bem com as emoções, utilizando-as como base para seu aprendizado. Talvez essa seja a chave para a legitimação do gerente no grupo social em que atua. Os últimos capítulos do livro (meus favoritos) tratam do papel da emoção no aprendizado do gerente. Eles trazem questões corriqueiras e graves como o balanço entre família e trabalho e também a importância dos traumas (principalmente em relação à reflexão que geram) na qualidade do aprendizado do gerente.

O Capítulo 7, especificamente, nos traz a discussão de um tema importantíssimo que sempre ficou escondido no escuro de nossas almas de gerente: o medo. O que temem os gerentes? Temem perder o emprego, temem errar e serem apontados como incompetentes e fracos. Gerentes têm medo de não ser o "profissional perfeito".

Por discutir temas relevantes como esses, o livro do professor Anielson Barbosa da Silva deve não apenas ser lido, mas estudado. Ou, ainda melhor, este é um livro que, depois de ser lido e estudado, merece uma boa reflexão. Afinal, como nos ensina o autor, é assim que os gerentes aprendem.

Alexandre Caldini
Diretor Superintendente
Unidade Negócios e Tecnologia da Editora Abril

Sumário

Introdução 13

Capítulo 1
A trajetória da atividade gerencial no contexto das organizações . . . 21
   1.1 As transformações no trabalho e na atividade gerencial 23
   1.2 Um "olhar" sobre a evolução da atividade gerencial 29
   1.3 Escopo da atividade gerencial 32

Capítulo 2
O pensamento complexo e a prática gerencial 55
   2.1 O pensamento complexo nas organizações. 61
   2.2 Organizações como sistemas adaptativos complexos. 63
      2.2.1 As variáveis-chave de um Sistema
      Adaptativo Complexo 69
   2.3 O ambiente complexo da prática gerencial. 80
      2.3.1 Macro co-evolução 83
      2.3.2 Variação contextual 85
      2.3.3 Micro co-evolução. 86
   2.4 Implicações do pensamento complexo na prática gerencial . . . 88

Capítulo 3
Aprendizagem organizacional e prática gerencial. 97
   3.1 As dimensões e o nível da aprendizagem nas organizações. . . 101

3.2 Aprendizagem organizacional como processo 118
3.3 Fatores determinantes na aprendizagem organizacional 130

Capítulo 4

Aprendizagem gerencial na teoria e na prática 139
  4.1 Fatores contextuais que influenciam a aprendizagem
     de adultos 143
  4.2 Perspectivas teóricas da aprendizagem 146
  4.3 Significado da aprendizagem gerencial 151
  4.4 O processo de aprendizagem de gerentes 159
  4.5 A aprendizagem de gerentes em ação 164
  4.6 Aprendizagem como uma atividade autodirecionada 167
  4.7 Programa de Aprendizagem Gerencial 170

Capítulo 5

Experiência, sucesso e aprendizagem de gerentes. 179
  5.1 Carreira, sucesso e gerência 180
  5.2 Os vínculos entre experiência e aprendizagem 188
  5.3 O papel da experiência na aprendizagem gerencial 193
  5.4 Reflexão, experiência e aprendizagem. 195
  5.5 Sofrimento, experiência e aprendizagem 199
  5.6 Autoconhecimento, experiência e aprendizagem 202

Capítulo 6

O contexto social da aprendizagem gerencial 205
  6.1 Contexto social, experiência e aprendizagem. 215

Capítulo 7

Emoção e multidimensionalidade na prática gerencial. 221
  7.1 O significado e as perspectivas teóricas da emoção 225
  7.2 Refletindo sobre o medo e a aprendizagem gerencial 231
  7.3 A vivência das emoções e a aprendizagem de gerentes. . . .234

Referências 247

Introdução

A APRENDIZAGEM GERENCIAL É UMA ABORDAGEM QUE PROCURA INTE-GRAR A EDUCAÇÃO, A EXPERIÊNCIA E O CONTEXTO DA AÇÃO GEREN-CIAL. Suas bases epistemológicas estão enraizadas na Psicologia, na Educação, na Sociologia e na Teoria das Organizações e integram um campo dos Estudos Organizacionais. Seu objetivo é a compreensão dos vínculos entre o escopo e os processos de aprendizagem, focalizando a relação entre a educação, o desenvolvimento e a prática gerencial.

A análise do processo de aprendizagem de gerentes, a partir de uma abordagem multidimensional, indica que existem categorias de aprendizagem que envolvem não apenas a dimensão técnica associada ao conhecimento, mas também a compreensão do contexto da ação profissional, que contribui para o desenvolvimento de habilidades e também suscita a mudança nas perspectivas de significado, ampliando o reconhecimento de seus comportamentos e ajudando no seu autodesenvolvimento.

A aprendizagem não é apenas um fenômeno individual, mas coletivo que ocorre em um contexto de participação social. O conhecimento tácito existente em um contexto social é incorporado à prática gerencial a partir do momento em que o gerente é reconhecido como integrante de um grupo social e se apropria desse conhecimento, ampliando o nível de complexidade e responsabilidade do escopo de sua prática gerencial.

As experiências sociais vividas fora do contexto profissional, isto é, no contexto da vida pessoal, influenciam o conteúdo (o quê) e o processo (como) da aprendizagem gerencial. Essas considerações reforçam o vínculo entre a aprendizagem e o desenvolvimento de competências, numa perspectiva complexa e multidimensional.

Os programas de aprendizagem gerencial devem compatibilizar o desenvolvimento de conhecimentos técnicos vinculados à educação com o desenvolvimento de atributos gerenciais associados ao contexto da prática gerencial, a partir da vivência de experiências, revelando o caráter transformador e emancipatório da aprendizagem.

Este livro espera contribuir com essa abordagem e levar acadêmicos e profissionais a refletir sobre como ocorre o processo de aprendizagem gerencial. *O que* os gerentes aprendem está intimamente relacionado a *como* eles aprendem e esta é a proposta da obra: discutir, numa perspectiva complexa e multidimensional, os processos de aprendizagem.

O Capítulo 1 tem como objetivo inserir "um olhar" na trajetória da evolução da atividade gerencial nas organizações, discutindo as transformações no trabalho e na atividade gerencial ao longo da evolução das organizações, além de abordar o escopo da atividade dos gerentes. Existem fatores individuais e contextuais que contribuem para ampliar o campo de atuação dos gerentes, que incluem não só aspectos objetivos mas também a subjetividade, o que torna a atividade gerencial complexa e faz emergir a necessidade de sua compreensão a partir de uma abordagem multidimensional.

No Capítulo 2, discute-se como o pensamento complexo passa a integrar a atividade gerencial no contexto da ação profissional. O pensamento complexo nas organizações ajuda a compreender que as relações intra e interorganizacionais não são permeadas de relações lineares e causais, mas de um sistema em que existe variedade e interação, o que torna necessário selecionar estratégias adequadas a esse contexto. O gerente atua em um ambiente complexo e, para ajudá-lo em sua trajetória, aborda-se a perspectiva co-evolucionária para ilustrar a natureza complexa do ambiente empresarial. O capítulo também apresenta algumas implicações do pensamento complexo na prática gerencial.

A aprendizagem organizacional é o tema do Capítulo 3 e revela as dimensões e o nível de aprendizagem para ilustrar que a sua compreensão não é uma tarefa simples e linear, mas permeada de vários caminhos e significados em função das diversas perspectivas teóricas. A compreensão de como a aprendizagem ocorre nas organizações é determinante para o gerente. Espera-se que o capítulo auxilie os gerentes na condução dos processos de aprendizagem, e para isso se propõe um arcabouço teórico para difusão dos processos de aprendizagem numa perspectiva organizacional e interorganizacional. Também são apresentados os fatores determinantes para a aprendizagem organizacional com o objetivo de alertar os gerentes para as dificuldades que podem enfrentar na gestão dos processos de aprendizagem nas organizações.

A abordagem complexa e multidimensional dos processos de aprendizagem dos gerentes é tratada nos capítulos seguintes do livro. O Capítulo 4 é uma tentativa de ilustrar os vínculos entre a teoria e a prática gerencial, que não podem ser percebidas de forma dissociada, e que o contexto da vida também interfere nos processos de aprendizagem de um gerente. Essa proposta objetiva ampliar os processos de aprendizagem de gerentes numa perspectiva interacionista, ou seja, marcada não apenas por um processo educacional e cognitivo, como também pela perspectiva comportamental e social da aprendizagem. O capítulo inicia com a discussão sobre a educação de adultos, destacando os fatores e as várias perspectivas teóricas. A aprendizagem gerencial é definida como o estudo do gerenciamento dos processos de aprendizagem, que contribui para a prática gerencial e inclui a educação e o desenvolvimento gerencial. O espaço social da atuação de um gerente não precede apenas de um processo de educação, focalizado no desenvolvimento de competências técnicas, mas também é um processo que ocorre na prática gerencial, numa perspectiva multifacetada e multidimensional. Mas como os gerentes aprendem? Para buscar respostas a uma questão tão complexa, iniciamos a discussão sobre aspectos inerentes aos processos de aprendizagem, além de alguns pressupostos da aprendizagem na ação e da aprendizagem como uma atividade autodirecionada. O capítulo conclui com a apresentação de uma proposta de um Programa de Aprendizagem Gerencial (PAG), alinhado à abordagem proposta nesta obra, que também serve de alerta para profissionais e escolas de negócios avaliarem e revitalizarem o processo de educação e desenvolvimento gerencial.

Um dos aspectos essenciais na aprendizagem de gerentes envolve a experiência, que deve ser pautada na reflexão e na mudança das perspectivas de significado. Os vínculos entre experiência, sucesso e aprendizagem são abordados no Capítulo 5. Inicialmente, abordamos a relação entre o sucesso, a experiência e a gerência. O discurso gerencial de sucesso é pautado, em grande parte, pela literatura de forma unidimensional, centrada na busca do poder e do *status* social. O sucesso na gerência deve ser concebido de forma mais ampla, considerando os vários espaços sociais da vida. A carreira gerencial não deve ser tratada de forma isolada da vida, uma vez que existem outras "carreiras", como a familiar e a pessoal, que também precisam ser incorporadas e isso implica conceber o sucesso não apenas na perspectiva de realização profissional, mas também de bem-estar pessoal. Assim, devemos incorporar no conceito de sucesso máximas como *prazer, bem-estar* e *equilíbrio emocional*.

As palavras "experiência" e "aprendizagem" estão intimamente ligadas. Essa abordagem revela que nossas experiências vividas são ricas em aprendizagem, desde que a vivência de situações profissionais promova o processo de compreensão dos eventos e contribua para mudanças na ação profissional. Atribuir novo significado a uma situação é um processo de transformação, e a aprendizagem ocorre quando o gerente e a situação não são percebidos da mesma forma. O gerente, após a vivência e a atribuição de significado, passa a vislumbrar a situação de forma diferente.

Aspectos como reflexão, sofrimento e autoconhecimento são abordados no Capítulo 5 para ilustrar que a experiência e a aprendizagem estão integradas à vida e que precisamos compreender que o desenvolvimento gerencial também é um fenômeno social.

Nesse sentido, o Capítulo 6 aborda o contexto social da aprendizagem gerencial, que não é apenas um fenômeno individual, mas também coletivo. O contexto social exerce papel decisivo na aprendizagem de gerentes, pois eles não necessitam apenas de um currículo de aprendizagem, mas de um currículo desenvolvido a partir do momento em que são legitimados como integrantes de determinado grupo social no interior das organizações. Isso indica que a aprendizagem é situada porque ocorre em um contexto específico de atuação do gerente e envolve uma coletividade. A legitimação permite ao gerente participar e interagir de forma efetiva, tendo acesso a todo o conhecimento tácito inerente ao contexto de sua atuação. Quando isso acontece, a aprendizagem se consolida e a aprendizagem gerencial também. Nesse capítulo, também discutimos os vínculos entre a experiência vivida dos gerentes em um contexto social e a aprendizagem.

O Capítulo 7 do livro tem como objetivo revelar o papel da emoção e da perspectiva multidimensional na prática gerencial. O medo, a dor, o sofrimento e os traumas, por exemplo, também contribuem para a aprendizagem. Esses aspectos são pouco abordados no campo da prática gerencial porque existe um discurso em busca da construção do "trabalhador perfeito" e isso dificulta a expressão da emoção porque as pessoas têm medo de revelar seus sentimentos. São discutidos alguns significados do termo "emoção" e algumas teorias que abordam o tema. Como é um tema que envolve várias abordagens, não pretendemos esgotar a discussão sobre ele, mas contribuir para vislumbrá-lo no campo da prática gerencial. O medo é uma emoção básica que merece destaque no processo de aprendizagem gerencial. Finalmente, abordam-se a vivência das emoções e a aprendizagem de gerentes.

Espero que este livro auxilie os profissionais que atuam ou desejam atuar em cargos gerenciais no processo de aprendizagem e contribua para renovarem a sua prática profissional. Um gerente é um ser de emoções, que vive experiências ricas em aprendizagem. Que a reflexão o contagie e torne essa experiência uma ação transformadora. Uma boa leitura a todos!

Capítulo 1

A trajetória da atividade gerencial no contexto das organizações

O TRABALHO DESENVOLVIDO POR GERENTES NAS ORGANIZAÇÕES PASSOU POR GRANDES TRANSFORMAÇÕES AO LONGO DO SÉCULO XX, INDO DE UMA DIMENSÃO TÉCNICA PARA UMA DIMENSÃO MAIS ESTRATÉGICA, COMPLEXA E MULTIFACETADA. Por que isso ocorreu? Como ocorreu? Quais as implicações de tal processo na vida desses profissionais? Essas são algumas das questões que abordaremos neste capítulo, como também ao longo deste livro.

Do início do século XX até a década de 1970, o trabalho nas organizações era caracterizado por modelos tayloristas e fordistas.[1] Com a introdução da acumulação flexível, apoiada na flexibilidade dos processos de trabalho, surge um confronto com a rigidez do fordismo e emergem novas relações de trabalho.[2]

---

1 HELOANI, R. *Organização do trabalho e administração:* uma visão multidisciplinar. São Paulo: Cortez, 1994; ANTUNES, R. *Adeus ao trabalho?* Ensaio sobre as metamorfoses e a centralidade do mundo do trabalho. 7. ed. São Paulo: Cortez, 2000; HARVEY, D. *Condição pós-moderna.* 9. ed. São Paulo: Edições Loyola, 2000.
2 HARVEY, 2000.

A década de 1980 provocou mudanças no mundo do trabalho, sobretudo nos países de capitalismo avançado.[3] Essas modificações foram tão intensas que atingiram não só a materialidade mas a subjetividade humana.[4] Foram transformações necessárias porque as empresas localizadas em países desenvolvidos tiveram de se ajustar a uma nova lógica de mercado, muito mais instável e competitiva, e por isso introduziram novos modelos de gestão, mais flexíveis e dinâmicos. Para Harvey,

> o capitalismo está se tornando cada vez mais organizado através da dispersão, da mobilidade geográfica e das respostas flexíveis nos mercados de trabalho, nos processos de trabalho e nos mercados de consumo, tudo isso acompanhado por pesadas doses de inovação tecnológica, de produto e institucional.[5]

Esse histórico de mudanças no contexto e no processo da gestão organizacional trouxe implicações para a vida dos gerentes. O escopo da atividade gerencial adquire uma perspectiva mais ampla, que abrange a dimensão sociotécnica e estratégica. Além disso, as relações com o mercado e com a força de trabalho assumiram novas configurações. Como veremos no próximo capítulo, esse processo desencadeou a necessidade de introdução do pensamento complexo para entender a ação gerencial.

---

3 Alguns países de capitalismo avançado são: Austrália, Canadá, França, Alemanha, Japão, Espanha, Reino Unido e Estados Unidos.
4 ANTUNES, 2000.
5 HARVEY, 2000, p. 150-1.

O gerente foi e continua sendo um campo de estudo de vários autores[6], que buscaram delimitar o escopo da atividade gerencial, que engloba um conjunto de papéis, funções ou competências que se tornaram mais complexas ao longo do tempo. **As mudanças no ambiente empresarial afetaram o escopo da atividade e da prática gerenciais e isso acaba influenciando as relações dos gerentes fora do ambiente de trabalho, uma vez que a competição por um espaço no mercado de trabalho demanda grande investimento pessoal (energia e tempo) para o desenvolvimento profissional.**

Neste capítulo, delimitaremos a trajetória dos gerentes nas organizações. Vamos resgatar, inicialmente, aspectos que envolvem as transformações no mundo do trabalho para, em seguida, focalizar nos estudos, no contexto e no escopo da atividade gerencial.

1.1 As transformações no trabalho e na atividade gerencial

O TRABALHO FAZ PARTE DA NATUREZA e da história da sociedade e "situa-se no cerne da estrutura social."[7] Na antiguidade, o ser humano trabalhava apenas para a subsistência. Com o tempo, surgiram novas relações de trabalho, denominadas pelos historiadores de "modos de produção", tais como o comunismo primitivo, o feudalismo e o capitalismo. Para Goulart e Guimarães[8], a consolidação do capitalismo é um marco para o trabalho, que passou a ser exaltado e considerado a atividade social mais valorizada.

---

6 Alguns estudos foram desenvolvidos ou relatados pelos seguintes autores: FAYOL, 1994; CARLSON, 1951; BARNARD, 1971; MINTZBERG, 1990; MOTTA, 1991; STEWART e FONDAS, 1992; BERNARDES, 1993; STONER e FREEMAN, 1995; LACOMBE e HEILBORN, 2003.

7 CASTELLS, M. *A sociedade em rede*. 5. ed. São Paulo: Paz e Terra, 2001.

8 GOULART, I. B.; GUIMARÃES, R. N. Cenários contemporâneos do mundo do trabalho. In: GOULART, I. B. (org.) *Psicologia organizacional e do trabalho*: teoria, pesquisa e temas correlatos. São Paulo: Casa do Psicólogo, 2002.

O avanço tecnológico provocado pela Revolução Industrial promoveu a substituição do trabalho artesanal pelo industrial, o que desencadeou a necessidade de novas formas de aplicação do conhecimento. Nessa época, os modelos utilizados como base para a administração das empresas eram oriundos das estruturas militares e religiosas, altamente centralizadoras e pautadas por normas de controle e de repressão.

Nos Estados Unidos, após 1860 e algumas décadas antes do surgimento do taylorismo, a produção nas empresas era organizada em regime de contrato. O produto final era tecnicamente dividido em partes, e cada uma delas era entregue a um contratante.[9]

No início do século XX, o taylorismo surgiu como uma nova forma de gestão da produção, desenvolvido por meio do estudo e da análise sistemática do trabalho, institucionalizando um método científico para a organização dos processos produtivos com o objetivo de aumentar a eficiência da produção. A busca da racionalização do trabalho e do aumento da produtividade nas empresas exigia maior controle sobre os empregados.

O fordismo foi outro modelo de gestão predominante em muitas organizações, difundido a partir de 1914[10], responsável pela introdução de um processo de trabalho que contribuiu para a consolidação da indústria ao longo do século XX. Seus elementos constitutivos básicos eram a produção em massa por meio da linha de montagem e de produtos mais homogêneos; o controle dos tempos e movimentos pelo cronômetro taylorista e pela produção em série fordista; a parcialidade e a fragmentação

9 HELOANI, 1994.
10 HARVEY, 2000.

das funções exercidas pelos trabalhadores e a separação entre a elaboração e a execução do processo de trabalho, entre outros aspectos.[11]

A introdução de modelos tayloristas/fordistas promoveu avanços para a indústria, mas também fragmentou a identidade e a subjetividade das pessoas em sua relação com o trabalho. As pessoas eram tratadas como seres unidimensionais, o que trouxe conseqüências desfavoráveis, uma vez que o trabalho passou a ocupar espaço central em suas vidas.

Esses modelos de gestão do trabalho foram predominantes até a década de 1970, quando houve a necessidade de reestruturação econômica e tecnológica. Castells[12] ressalta que o período de 1970–1990 levou à redução do emprego industrial, aumentando a participação do setor de serviços na economia. Vale destacar que as transformações econômicas e políticas desencadearam um processo de transformação no sistema capitalista. O neoliberalismo emerge como um modelo político-econômico que defende "o livre mercado concorrencial em oposição à ação mediadora do Estado nas crises econômicas, legitima a ação dos grupos econômicos que elaboram seus planos numa perspectiva que não leva em conta interesses de cunho nacional."[13] As transformações econômicas desse novo contexto econômico e político atingem os sistemas sociais e, de modo especial, o mundo do trabalho.

No que se refere aos modelos de gestão, as oscilações e incertezas que atingiram as organizações a partir da década de

---

11 HELOANI, 1994.
12 CASTELLS, 2001.
13 GOULART; GUIMARÃES, 2002, p. 24.

1970 levaram ao desenvolvimento de novas experiências no domínio da organização industrial e da vida social e política que representam a passagem para um novo sistema de regulação política e social que se contrapõe ao fordismo e foi denominado por Harvey[14] de *acumulação flexível.*

A acumulação flexível foi uma conseqüência do surgimento de novos setores de produção e diferentes formas de prestação de serviços, que desencadearam a necessidade de inovação comercial, tecnológica e organizacional. A flexibilidade dos processos de trabalho, dos mercados de trabalho e dos produtos e padrões de consumo é a principal característica desse movimento, que levou ao surgimento de novos modelos de gestão. Outra característica da acumulação flexível é o movimento do emprego, que assume novas configurações com a expansão dos mercados e do setor de serviços.

Esse novo contexto tornou o mercado de trabalho mais volátil e competitivo, provocou o desemprego estrutural, o retrocesso do poder sindical e fez emergir novos regimes de contratos de trabalho mais flexíveis.[15]

Ianni[16] faz uma análise sobre o capital e o trabalho no contexto global e indica que o processo de trabalho e de produção está submetido ao movimento do capital em todo o mundo. O estabelecimento de novas formas de organização do trabalho, a redução do tamanho das empresas, o caráter temporário dos empregos e sua maior mobilidade caracterizam o trabalho no

---

14 HARVEY, 2000.
15 HARVEY, 2000; ANTUNES, 2000.
16 IANNI, O. *A era do globalismo.* 2. ed. Rio de Janeiro: Civilização Brasileira, 1996.

ambiente global. **A globalização provocou a reestruturação do capitalismo em escala mundial e também delineou um novo paradigma de produção industrial.**

Castells[17] destaca a existência de uma tendência histórica para a interdependência da força de trabalho em escala global por meio de três mecanismos:

a emprego global nas empresas multinacionais e suas redes internacionais coligadas;

b os impactos do comércio internacional sobre o emprego e as condições de trabalho;

c os efeitos da concorrência global e do novo método de gerenciamento flexível sobre a força de trabalho de cada país.

Os três mecanismos são subsidiados pela tecnologia da informação, como um meio de conexão entre os diversos segmentos da força de trabalho nas fronteiras existentes em nível mundial.

Todo processo de inovação tecnológica no mundo do trabalho eleva a importância do ser humano no contexto das organizações, uma vez que as pessoas são as responsáveis pela interdependência da força de trabalho, utilizando os recursos da tecnologia da informação e também desenvolvendo novas relações entre os trabalhadores. Ianni[18] considera que o ser humano, antes reduzido a apêndice da máquina durante a Revolução Industrial, passa a exercer funções muito mais abstratas,

17 CASTELLS, 2001.
18 IANNI, 1996.

muito mais intelectuais. Essa mudança é decorrente da automatização dos processos produtivos.

Grisci *et al.*[19] fazem uma análise da relação entre o trabalho imaterial e o sofrimento psíquico e estabelecem uma relação entre o trabalho no modelo fordista e na acumulação flexível. Para os autores, no modelo fordista o trabalho utilizava as capacidades intelectuais humanas para a produção de bens e produtos de consumo. Por outro lado, no modelo de acumulação flexível, o trabalho incorpora a dimensão subjetiva e por isso passa a ser denominado de trabalho imaterial, pois, além de produzir bens e produtos de consumo, mobiliza aspectos das relações intelectuais e afetivas dos trabalhadores, produzindo "coisas imateriais como informação, necessidades, valores, cuidado, conforto, tranqüilidade, sentimento de bem-estar e interação humana".[20]

> A nova fase do capital, portanto, retransfere o *savoir faire* para o trabalho, mas o faz apropriando-se crescentemente da sua dimensão intelectual, das suas capacidades cognitivas, procurando envolver mais forte e intensamente a subjetividade operária.[21]

As considerações sobre as transformações do mundo do trabalho até o momento têm como objetivo fazer uma breve explanação sobre as mudanças que afetaram e continuam afetando a vida dos trabalhadores em todo o mundo. **Os gerentes**

---

19 GRISCI, C. L. I. *et al.* Trabalho imaterial, controle e subjetividade na reestruturação produtiva bancária. In: ENCONTRO DA ASSOCIAÇÃO NACIONAL DE PÓS-GRADUAÇÃO E PESQUISA EM ADMINISTRAÇÃO, 28, 2004, Curitiba-PR. *Anais...* Curitiba-PR: Anpad, 2004, [CD-ROM].
20 GRISCI *et al.*, 2004, p. 1.
21 ANTUNES, 2000, p. 162.

A TRAJETÓRIA DA ATIVIDADE GERENCIAL NO CONTEXTO DAS ORGANIZAÇÕES

foram e continuam sendo agentes determinantes no contexto do trabalho, responsáveis pela difusão das práticas de gestão e pelo gerenciamento da força de trabalho.

Nesse sentido, o contexto de sua atuação, assim como o escopo da atividade gerencial, sofreu mudanças ao longo do século XX. Vamos aprofundar o olhar na atividade gerencial e refletir sobre o papel dos gerentes nas organizações no mundo contemporâneo.

1.2 Um "olhar" sobre a evolução da atividade gerencial

A FUNÇÃO GERENCIAL SEMPRE EXISTIU, mas com características diferentes ao longo da História.[22] Esse processo de evolução acompanhou as mudanças na sociedade, que passou a depender cada vez mais das organizações.[23]

O surgimento da atividade gerencial está muito associado ao próprio desenvolvimento da administração. Maximiano[24] apresenta o que ele denomina de linha do tempo da administração, em que destaca vários eventos que influenciaram em seu desenvolvimento. Seu ponto de partida é a Mesopotâmia, em 3000 a.C., onde surgiram os primeiros dirigentes e funcionários administrativos profissionais. Não temos o objetivo de resgatar todas as fases de desenvolvimento da administração, mas de ilustrar que a atividade gerencial foi ganhando força quando as

---

22 BERNARDES, C. *Teoria geral da administração:* a análise integrada das organizações. São Paulo: Pioneira, 1993.
23 KOONTZ, H. *et al. Administração:* fundamentos da teoria e da ciência. 15. ed. São Paulo: Pioneira, 1995.
24 MAXIMIANO, A. C. A. *Teoria geral da administração:* da escola científica à competitividade na economia globalizada. 2. ed. São Paulo: Atlas, 2000, p. 37-40.

organizações passaram a integrar um sistema social formal, permeado de normas, processos, divisão do trabalho e da necessidade de uma definição clara de autoridade.

Como surgiu a atividade gerencial no contexto das organizações? Essa resposta pode ser encontrada em Braverman[25], que faz um resgate do surgimento da gerência após a ascensão do capitalismo. Ele destaca que, quando os produtores, que antes atuavam isoladamente, foram agrupados em unidades fabris, surgiram problemas de coordenação e também a necessidade de controle de várias atividades que estavam sendo desenvolvidas nas fábricas. Em um primeiro momento, o capitalista assumiu o papel da gerência, em função de ser proprietário do capital. Essa atitude do capitalista foi essencial para o desenvolvimento da gerência.

A palavra "gerência" deriva do verbo *to manage* (administrar, gerenciar), que etimologicamente vem da palavra *manus*, do latim, que significa mão. No passado, essa palavra significava adestrar um cavalo nas suas andaduras para fazê-lo praticar o *manège*. "Como um cavaleiro que utiliza rédeas, bridão, esporas, cenoura, chicote e adestramento desde o nascimento para impor sua vontade animal, o capitalista empenha-se, por meio da gerência (*management*), em controlar."[26] O controle era considerado o objetivo final da gerência.

Fayol[27] foi um dos precursores dos estudos sobre a atividade gerencial no início do século XX e delimitou que um gerente

---

25 BRAVERMAN, H. *Trabalho e capital monopolista:* a degradação do trabalho no século XX. 3. ed. Rio de Janeiro: Guanabara, 1987, p. 61-3.
26 BRAVERMAN, 1987, p. 68.
27 FAYOL, H. *Administração industrial e geral.* 10. ed. São Paulo: Atlas, 1994.

planeja, organiza, coordena, comanda e controla todas as atividades da organização.

Um gerente também é aquele que formula e define objetivos e propósitos para a organização; desenvolve e mantém um sistema de comunicação com a organização informal; promove e assegura a realização das atividades por meio dos esforços individuais e de um sistema de recursos humanos para motivar as pessoas.[28]

Será que essas funções mudaram ou continuam as mesmas?

Para responder a essa questão, torna-se necessário abordar o escopo da atividade gerencial, que consiste na delimitação da atividade gerencial e de comportamentos, papéis e atividades que indicam *o que* faz um gerente e *como* ele age diante de determinada situação profissional.

Na literatura administrativa, existe uma grande variedade de terminologias envolvendo os agentes que atuam em uma atividade gerencial. Neste livro, não se pretende entrar no mérito dessa discussão, pois, como afirma Yukl[29], os termos "líder", "gerente" e "chefe" podem ser utilizados intercambiavelmente e indicam pessoas que ocupam posições em que se espera que exerçam o papel de liderança, mas sem nenhuma suposição de que o processo de liderança realmente ocorra. Nesse sentido, **o que caracteriza a atividade gerencial é o desenvolvimento de atividades inerentes ao escopo da prática gerencial, que variam de acordo com o nível hierárquico, a área de atuação e o setor de atividade da organização.** A prática gerencial é um conjunto

---

28 BARNARD, C. *As funções do executivo.* São Paulo: Atlas, 1971.
29 YUKL, G. A. *Leadership in organizations.* 4. ed. Upper Saddle River - NJ: Prentice Hall, 1998, p. 5.

de ações que envolvem atividades e papéis exercidos por gerentes no espaço social do trabalho. Está vinculada ao saber prático[30] ou entendimento prático.[31]

1.3 Escopo da atividade gerencial

UMA ANÁLISE DA TEORIA SOBRE AS ORGANIZAÇÕES mostra que os profissionais que exerciam cargos de gestão durante várias décadas do século XX desenvolviam atividades que não dependiam tanto dos esforços de um grupo, mas dos esforços individuais. Foram realizados vários estudos[32] que abordaram principalmente as características (traços) pessoais e o comportamento dos gerentes.

Yukl[33] realizou uma análise de vários estudos focalizando os comportamentos dos líderes, que em sua maioria direcionam o comportamento ou para as tarefas ou para as relações. Ele acrescentou a essas duas categorias uma terceira, que é o comportamento orientado para a mudança. O Quadro 1.1 descreve as três categorias de comportamento, de acordo com a análise de Yukl.

---

30 REIMBOLD, M.F.; BREILLOT, J.M. *Gerer la competence dans L´entreprise*. Paris: Editions L´Harmattan, 1995.

31 ZARIFIAN, P. *Objetivo competência*. São Paulo: Atlas, 2001.

32 Os principais estudos sobre o comportamento dos líderes foram realizados por Tannenbaum e Schimidt; as pesquisas desenvolvidas pelos professores da Universidade do Estado de Ohio e da Universidade de Michigan e o estudo de Blake e Mouton, que estabeleceram uma grade gerencial (YUKL, 1998; DAFT, 2003; ROBBINS; COULTER, 1998; STONER; FREEMAN, 1995).

33 YUKL, 1998.

A TRAJETÓRIA DA ATIVIDADE GERENCIAL NO CONTEXTO DAS ORGANIZAÇÕES

QUADRO 1.1 – Comportamentos dos líderes

COMPORTAMENTO	FOCO	COMPONENTE-CHAVE
Orientado para as tarefas	Execução de tarefas utilizando pessoas e recursos eficientemente, mantendo operações estáveis e seguras e fazendo melhorias incrementais na qualidade e produtividade.	Clarificar regras, planejar e organizar operações e monitorá-las.
Orientado para as relações	Melhoria das relações e da ajuda entre as pessoas, incrementando a cooperação e o trabalho em equipe, assim como o aumento da satisfação no trabalho do subordinado, e a construção de um elo com a organização.	Dar suporte, desenvolver, reconhecer, consultar e gerenciar conflitos.
Orientado para a mudança	Realização de atividades ligadas à melhoria das decisões estratégicas, considerando a mudança no ambiente, incrementando modificações nos objetivos, nos processos ou produtos/serviços e obtenção de comprometimento para implementá-las.	Exame e interpretação de eventos externos, articulação de uma visão atraente, proposta de inovações estratégicas, tornando persuasivos os apelos sobre a necessidade de mudança, encorajando e facilitando a experimentação e o desenvolvimento de uma coalizão para suportar e implantar as mudanças.

FONTE: ELABORADO COM BASE EM YUKL, 1998.

As pesquisas realizadas ao longo do século XX foram determinantes na busca da compreensão de como os gerentes se comportavam na relação com os grupos que eles conduziam. A maioria dos estudos sobre comportamentos gerenciais utilizou uma visão prescritiva da atividade gerencial. Yukl[34] classifica, com base em vários estudos e pesquisas, dois grupos de comportamentos gerenciais:

34 YUKL, 1998.

ⓐ Direcionado para o *gerenciamento do trabalho*, composto de cinco comportamentos: planejamento, solução de problemas, esclarecimento de papéis e objetivos, informação e monitoramento das operações.

ⓑ Relacionado aos comportamentos específicos para o *gerenciamento das relações*, que são determinantes na construção e manutenção de relacionamentos cooperativos. São eles: apoiar, desenvolver, reconhecer, recompensar e administrar conflitos.

A forma como esses comportamentos são mostrados é prescritiva porque para cada um são apresentados diretrizes e "conselhos" que orientam o trabalho do gerente no ambiente organizacional.

Não se pode garantir que todas as ações e estratégias apresentadas ocorram da maneira como foram propostas, até porque, como afirma Mintzberg[35], as atividades gerenciais são caracterizadas pela variedade, fragmentação e brevidade, e o ritmo do trabalho do gerente é desconexo.

Essas características indicam que **a atividade gerencial, sobretudo a partir da última década do século XX, passou por mudanças que a tornaram mais complexa.** Para entender esse processo evolutivo, é necessário aprofundar a discussão sobre o escopo dessa atividade.

Os gerentes são responsáveis pelo trabalho de terceiros e o ato de gerenciar pode ser analisado, estudado e sistematicamente melhorado. Eles se preocupam com a otimização de recursos,

---

[35] MINTZBERG, H. The manager's job: folklore and fact. *Harvard Business Review*, v. 68, n. 2, mar.–abr. 1990.

tais como tempo, equipamentos, matéria-prima, entre outros, e para isso têm de conhecer os objetivos do grupo e estabelecer metas para levar a organização a obter bons resultados.[36]

Uma análise crítica dessas considerações indica que, apesar de a meta dos gerentes ser o alcance dos objetivos, isso não pode ser abordado de forma tão racional. É preciso encarar que **a atividade gerencial é _multifacetada_ e sofre a influência de vários fatores _contextuais_, o que inviabiliza afirmar que o conhecimento do grupo e a utilização eficiente e eficaz dos recursos são suficientes para maximizar o seu desempenho.**

O gerente também é responsável por manter a estrutura da empresa bem organizada, tomar decisões[37], maximizar oportunidades, tornar os recursos economicamente produtivos, gerenciar pessoas e exercer uma função pública, de compromisso com a sociedade.[38]

Uma pessoa também pode ser classificada como gestor na medida em que exerce algumas funções seqüenciais dirigidas para a organização (planejamento, implantação, operação e avaliação) e direcionadas para os participantes (estimulação, coordenação e controle).[39]

Perceba que nessa delimitação da atividade gerencial há uma forte ênfase no conteúdo. Vale ressaltar que outros estudos focalizaram seus esforços na ação gerencial, que faz parte de um conjunto de comportamentos gerenciais denominados por

---

36 DRUCKER, P. _Administração:_ responsabilidades, tarefas e práticas. São Paulo: Pioneira, 1975. v. 2; DRUCKER, P. _A nova era da administração._ 4. ed. São Paulo: Pioneira, 1992; KOONTZ, _op. cit._
37 SIMON, H. A. _Comportamento administrativo._ Rio de Janeiro: FGV, 1970.
38 DRUCKER, 1992.
39 BERNARDES, 1993.

Mintzberg[40] de *papéis gerenciais*. O autor critica Henri Fayol ao afirmar que os atos de planejar, organizar, coordenar e controlar como funções do gerente propostas por ele em 1916 dizem muito pouco sobre o que os gerentes realmente fazem.

Partindo dessa constatação, Mintzberg[41] levanta o seguinte questionamento: o que fazem os executivos? Para responder a essa questão, ele desenvolveu uma pesquisa com vários gestores que trabalhavam nos Estados Unidos, no Canadá, na Suécia e na Inglaterra e atuavam em várias funções e níveis hierárquicos. Os resultados da pesquisa proporcionaram duas grandes contribuições: a identificação de alguns mitos envolvendo o trabalho do gerente e a descrição de dez papéis que caracterizam o seu trabalho. O Quadro 1.2, a seguir, destaca os mitos identificados pelo autor.

QUADRO 1.2 – Mitos envolvendo o trabalho do gerente

MITOS	REALIDADE
1º Mito O gerente é um planejador sistemático e reflexivo.	Segundo um grande número de estudos, os gerentes trabalham num ritmo inexorável, suas atividades se caracterizam pela brevidade, variedade e descontinuidade e eles estão firmemente orientados para a ação, não apresentando inclinações para atividades de reflexão.
2º Mito O verdadeiro gerente não executa atividades de rotina.	Além de se ocupar com exceções, o trabalho administrativo envolve a execução de uma série de deveres rotineiros, incluindo rituais e cerimônias, negociações e processamento de pequenas informações que ligam a organização ao seu meio ambiente.

40 MINTZBERG, 1990.
41 MINTZBERG, 1990.

3º Mito Os principais gerentes necessitam de informações agregadas, que podem ser mais bem obtidas por meio de um sistema formal de informações gerenciais.	Os gerentes preferem a mídia verbal, principalmente telefonemas e reuniões.
4º Mito A administração é, ou pelo menos está se transformando rapidamente em, ciência e profissão.	Os programas dos gerentes – para organizar o tempo, processar informações, tomar decisões e outras coisas mais – permanecem trancados em suas cabeças.

FONTE: MINTZBERG, 1990, p. 164-7.

O que esse quadro revela? Que **algumas atividades gerenciais elencadas pela literatura não correspondem à realidade vivida pelos gerentes.** Eles se envolvem em uma série de atividades que muitas vezes os sobrecarregam, comprometendo, assim, sua jornada de trabalho. Mintzberg[42] relata que foi surpreendido pelos resultados de seu estudo, pois, apesar de os gerentes serem competentes em suas áreas de atuação, têm atitudes de antecessores de cem anos atrás. Ainda buscam informações por meio da comunicação verbal, embora suas decisões se relacionem com as modernas tecnologias, e os métodos utilizados são os mesmos do século XIX. Ele constatou, ainda, que o computador não exerceu nenhuma influência nos métodos de trabalho dos gerentes gerais.

> *Se realizarmos o mesmo estudo desenvolvido por Mintzberg[43] hoje, encontraremos os mesmos resultados ou surgirão outro quadro e outra postura gerencial?*

42 MINTZBERG, 1990.
43 MINTZBERG, 1990.

Um estudo realizado por Tonelli e Alcadipani[44] revelou algumas similaridades com o de Mintzberg[45], com exceção de um aspecto relacionado à reflexão. Os gerentes afirmaram ser a atividade reflexiva necessária e reservarem algum tempo para ficar sozinhos e se dedicar à tarefa de planejamento e pensamento envolvendo temas operacionais e estratégicos.

Essa busca de estudos para compreender melhor a função dos gerentes nas organizações é bastante pertinente, pois durante muito tempo as visões desenvolvidas foram idealizadas e marcadas por uma perspectiva racionalizada. Motta acredita que "já se aceita tratar a função gerencial como extremamente ambígua e repleta de dualidades, cujo exercício se faz de forma fragmentada e intermitente."[46] Essa constatação ilustra a dificuldade de definir claramente o que um gerente faz.

Assim como Mintzberg[47], Motta[48] também apresenta mitos e verdades comuns relacionados às funções gerenciais, como ilustra o Quadro 1.3.

Os mitos e verdades apresentados por Motta[49] são similares aos mitos e realidades propostos por Mintzberg.[50] Eles destacam que as ações do gerente não são ordenadas, racionais e previsíveis como os clássicos propuseram.

---

44 TONELLI, M. J.; ALCADIPANI, R. O trabalho dos executivos: a mudança que não ocorreu. In: ENCONTRO DA ASSOCIAÇÃO NACIONAL DE PÓS-GRADUAÇÃO E PESQUISA EM ADMINISTRAÇÃO, 27, 2003, Atibaia-SP. *Anais...* Atibaia-SP: Anpad, 2003. [CD-ROM].
45 MINTZBERG, 1990.
46 MOTTA, P. R. *Gestão contemporânea*: a ciência e a arte de ser dirigente. 2. ed. Rio de Janeiro: Record, 1991, p. 20.
47 MINTZBERG, 1990.
48 MOTTA, 1991.
49 MOTTA, 1991.
50 MINTZBERG, 1990.

A TRAJETÓRIA DA ATIVIDADE GERENCIAL NO CONTEXTO DAS ORGANIZAÇÕES

QUADRO 1.3 – Mitos e verdades mais comuns sobre as funções do gerente

MITOS	VERDADES
1. Pessoa com *status*, autoridade e poder, com sala imponente em andar elevado. Toma decisões rápidas, analisa informações e supera obstáculos. Confiante e segura no sucesso das decisões (imagem de "super-homem").	1. Pessoa com *status* às vezes duvidoso; poder e autoridade dependentes de injunções contínuas e de informações obtidas de várias maneiras. Negocia assuntos diversos, ganhando e perdendo. Tensa, nervosa e incerta quanto ao resultado das decisões.
2. Atuação baseada em ações ordenadas e planejadas, um processo decisório acentuadamente racional e impessoal.	2. Atuação baseada em ações desordenadas e intermitentes, um processo decisório marcado por decisões intuitivas e influenciadas por lealdades pessoais e comunicações verbais face a face.
3. Preocupação prioritária com políticas, diretrizes e desenvolvimento futuro da organização.	3. Preocupação prioritária com operações atuais e solução de problemas prementes.
4. Trabalho programado, com algumas fases previsíveis e problemas antecipados para enfrentar contingências e superar dificuldades.	4. Trabalho não programado, em grande parte imprevisível. Enfrentamento constante de contingências e de problemas desconhecidos.
5. Instrumentos de trabalho: objetivos, planos, programas, metas, resultados e prazos.	5. Instrumentos de trabalho: surpresas, sustos, contingências, problemas.
6. Reúne-se para planejar e resolver problemas.	6. Reúne-se para discutir as dificuldades das rotinas e debater temas na presunção de que poderá haver problemas.
7. Recebe informações fundamentais para a decisão por meio de relatórios de assessores, memorandos internos, impressos de computadores e informações orais em reuniões programadas.	7. Recebe informações fundamentais por meio de um sucessivo e variado número de contatos pessoais, por comunicação verbal, telefonemas, bate-papos informais e reuniões de última hora.
8. Comportamento formal e contemplativo.	8. Comportamento informal e interativo.
9. Trabalha com sistematização, afinco e profundidade em um número reduzido de tarefas e informações mais importantes para a tomada de decisão.	9. Trabalha de forma assistemática, superficial e intermitente em um grande número de tarefas, exercendo funções diferentes no que se refere a cada tarefa.
10. Trabalho prospectivo, de médio e longo prazos, orientado para soluções e integrado com as diversas áreas da empresa.	10. Trabalho restritivo, de curto prazo, orientado para problemas e fragmentado no que se refere às diversas áreas da organização.

FONTE: MOTTA, 1991, p. 24-5.

Em relação às tarefas dos gerentes, Mintzberg[51] as descreveu em termos de "papéis" ou conjuntos organizados de condutas identificadas com uma posição. A Figura 1.1 apresenta a categorização do autor dos papéis gerenciais.

FIGURA 1.1 – Papéis gerenciais

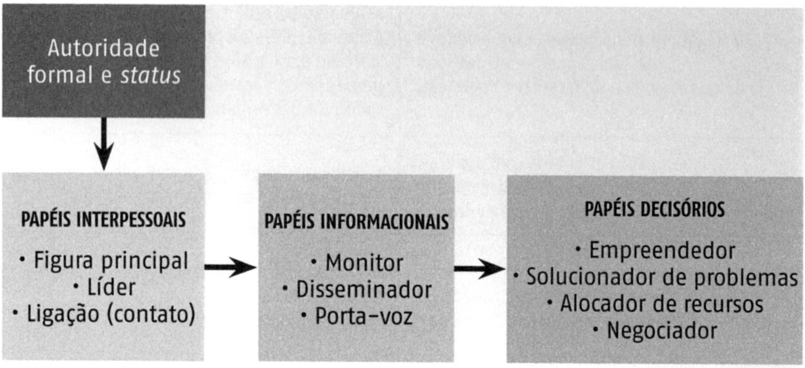

Autoridade formal e *status*

PAPÉIS INTERPESSOAIS
• Figura principal
• Líder
• Ligação (contato)

PAPÉIS INFORMACIONAIS
• Monitor
• Disseminador
• Porta-voz

PAPÉIS DECISÓRIOS
• Empreendedor
• Solucionador de problemas
• Alocador de recursos
• Negociador

FONTE: MINTZBERG, 1990, p. 168.

Os papéis interpessoais ajudam o gerente a manter a sua organização em bom funcionamento. No exercício do papel de *figura principal*, ele participa de solenidades dentro e fora da empresa. É também um *líder* que deve conquistar seguidores que o ajudem a alcançar os objetivos da organização. Desse modo, deve ser responsável não só pelos atos de seus subordinados, mas também por seus próprios atos. Outro papel interpessoal é o de *ligação* (contato) dentro e fora da empresa. Para isso, deve criar uma rede de comunicações, tornando-se um agente político na busca de apoio para suas propostas e decisões, e obter cooperação para a realização de suas atividades.

51 MINTZBERG, 1990.

Os papéis informacionais são fundamentais, já que o gerente depende deles para tomar decisões. Exercendo o papel de *coletor* ou *monitor* de informações, o gestor se mantém inteirado de tudo e pode ajudar os outros membros da empresa a desempenhar seu trabalho adequadamente. Funciona também como *disseminador* de informações, na medida em que as repassa para seus subordinados; e como *porta-voz*, quando mantém as pessoas de fora da sua unidade de trabalho bem informadas.

Quanto aos papéis decisórios, o gerente deve ser *empreendedor* e para isso deve estar predisposto a mudar por meio da criação e difusão de novas idéias, com o intuito de melhorar a sua área de atuação. Deve ser *solucionador de problemas*, isto é, ter conhecimento e habilidade necessários para agir diante de situações inesperadas. Deve ser também um *alocador de recursos*. Como na maioria das vezes esses recursos são limitados, o gerente deve procurar alcançar um equilíbrio entre os objetivos e as necessidades. Finalmente, o gestor deve ser ainda um *negociador*. Ele passa boa parte do seu tempo negociando tanto no ambiente interno da organização como no ambiente externo por meio de relacionamentos com clientes, fornecedores, governo e outras empresas.

Como demonstra a Figura 1.1, o exercício dos papéis gerenciais depende da autoridade formal e do *status* sobre as unidades da empresa para que o gerente possa manter bons relacionamentos com seus pares, subordinados e superiores. Mintzberg faz uma ressalva: *os papéis do gerente estão integrados e não podem ser dissociado*s.

Maximiano fez uma análise do estudo de Mintzberg sobre os papéis gerenciais e ressaltou que "o trabalho dos gerentes varia de acordo com o nível hierárquico, especialidade, tamanho da empresa, conjuntura econômica e outros fatores. A personalidade e os valores do gerente também influenciam a maneira como ele trabalha."[52] As atividades clássicas do gerente apontadas por Fayol são diluídas e combinadas no exercício de papéis, sobretudo os que envolvem a administração de recursos e a tomada de decisões. **O desempenho de um gerente em uma organização sofre a influência de uma série de fatores contextuais e individuais e isso faz com que o escopo da atividade gerencial sofra a influência da maneira como o gerente age em determinada situação profissional.** Essas considerações ilustram que **as competências de um gerente não envolvem apenas o conhecimento técnico, mas uma série de comportamentos mediados pelas experiências vividas pelo gerente ao longo de sua vida**, que o leva a incorporar uma série de valores e crenças que em determinado contexto influenciam a sua maneira de agir.

Diferentemente de Mintzberg[53], que focaliza os papéis gerenciais, Stewart e Fondas[54] publicaram um artigo que aborda um aspecto da ação gerencial de grande relevância para entender tal atividade. O título do artigo é um questionamento em forma de afirmativa: *Como os gerentes podem pensar estrategicamente sobre seus trabalhos.* O objetivo principal das autoras é demonstrar que os gerentes precisam reconhecer a flexibilidade no trabalho, identificar e avaliar as diferentes linhas de ação que estão abertas e podem desenvolver uma

52 MAXIMIANO, 2000, p. 55.
53 MINTZBERG, 1990.
54 STEWART, R.; FONDAS, N. How managers can think strategically about their jobs. *Journal of Management Development*, v. 11, n. 7, p. 10-7, 1992.

visão estratégica no trabalho. Para isso, devem considerar três aspectos principais:

» como dividem seu tempo entre as pessoas e suas redes de relacionamento;
» qual a dimensão de seu trabalho em que focam sua atenção mais freqüentemente;
» onde eles tentam ter um impacto.

O ambiente atual torna a atividade dos gerentes muito mais complexa, demandando que atuem como *coachs* e mentores e também dediquem muito mais tempo ao trabalho, o que aumenta o estresse na organização e em casa. O estudo de Stewart e Fondas[55] reforça a necessidade de compreender a atividade dos gerentes de uma perspectiva complexa e multidimensional, uma vez que são pessoas que vivenciam experiências em vários espaços sociais, como o espaço do trabalho e da vida pessoal, que não podem ser percebidos de forma dissociada, mas integrada e multifacetada.

Stewart e Fondas[56] não se preocupam com os papéis gerenciais, mas com aspectos que ajudam a entender a natureza da atividade gerencial de forma mais ampla e genérica inerentes ao contexto de seu trabalho. Elas reconhecem a flexibilidade do trabalho gerencial e destacam que existem três dimensões-chave: *exigências, restrições* e *escolhas.*

---

55 STEWART; FONDAS, 1992.
56 STEWART; FONDAS, 1992.

A essência da atividade gerencial está nas *exigências* que envolvem as atividades que o ocupante de determinado cargo pode exercer. Só que o exercício dessas atividades sofre a influência de uma série de *restrições,* que são fatores internos e externos que podem interferir na realização de uma tarefa. Essas restrições irão influenciar as *escolhas* (decisões) tomadas pelo gerente. Nessa perspectiva, a preocupação principal está em estabelecer fatores que estarão presentes em todas as situações relacionadas ao exercício de um cargo de gerência e influenciam suas ações no ambiente organizacional.[57]

Vale lembrar que o gerente é um ser humano e possui comportamentos que selecionam consciente ou inconscientemente determinadas ações.[58]

A maioria dos estudos tem ignorado o comportamento utilizado para envolver os subordinados com valores ideológicos e capacitá-los para possuí-los; também falharam ao examinar o comportamento do líder sem ver a flexibilidade e a adaptação da organização em ambientes turbulentos.[59]

Os principais estudos realizados tiveram a finalidade de tentar compreender os comportamentos predominantes do gerente em relação à sua atuação no ambiente intraorganizacional, procurando tratar seus resultados de forma generalizada. Transpondo esses resultados para o ambiente empresarial atual, fica difícil enquadrar um perfil gerencial com comportamentos pré-definidos diante de um ambiente complexo e

---

57 STEWART; FONDAS, 1992.
58 SIMON, 1970.
59 YUKL, 1998.

marcado por grandes mudanças nas relações entre a organização e o ambiente.

O estudo desenvolvido por Tonelli e Alcadipani[60] com dez executivos que atuam em cargos da alta administração em empresas nacionais e multinacionais localizadas em São Paulo teve como um de seus objetivos realizar uma comparação do trabalho desses executivos com os principais estudos realizados por Fayol[61], Barnard[62], Carlson[63] e Mintzberg.[64] Os resultados da pesquisa indicaram que não há diferenças significativas entre os aspectos relativos ao trabalho dos executivos pesquisados e as características descritas na literatura. A pesquisa também aponta que, apesar do discurso sobre as competências gerenciais, a amostra pesquisada indicou que aparentemente nada mudou nas atividades desempenhadas pelos executivos em um século. O título do artigo é um indicativo dos resultados da pesquisa – *O trabalho dos executivos: a mudança que não ocorreu.*

Talvez as *atividades* não tenham sofrido muitas mudanças, mas certamente o *contexto* em que os gerentes desenvolvem seu trabalho já não é o mesmo. O ambiente empresarial é muito mais imprevisível, dinâmico e mutável. Todo gerente que atua no contexto das organizações atuais precisa compreender esse processo evolutivo para entender a natureza da atividade gerencial. **Não tome como base, para delimitar o escopo da atividade**

---

60 TONELLI; ALCADIPANI, 2003.
61 FAYOL, 1994.
62 BARNARD, 1971.
63 CARLSON, S. *Executive behaviour.* University of Uppsala, Sweden: Textguppen I Uppsala AB, 1951.
64 MINTZBERG, 1990. *Idem. The nature of managerial work.* Nova York: Harper and Row Publishers, 1973.

gerencial, listas com atividades que indicam _o que_ ele faz se o grande diferencial está no _como_ o gerente age na prática profissional.

Nesse sentido, **a atividade gerencial deve ser compreendida de uma perspectiva multidimensional, já que esses profissionais passam por experiências pessoais que são influenciadas por variáveis contextuais[65] que introduzem um maior nível de complexidade na atuação do gerente na empresa.**

Esses aspectos justificam a necessidade de compreender o processo de aprendizagem de gerentes como uma forma de contribuir para o desenvolvimento de programas de aprendizagem gerencial, que priorizem aspectos contextuais e sejam direcionados para a ação gerencial. A emergência da complexidade e a ascensão da aprendizagem organizacional e suas implicações na atividade gerencial são os dois temas dos próximos capítulos.

As mudanças no ambiente empresarial estão levando os gerentes a repensar a sua forma de atuação dentro das organizações que estão diante de um ambiente em que a _instabilidade_, a _multifuncionalidade_ e o caráter _contingencial_ da mudança são fatores determinantes para o bom desempenho empresarial. Como agentes principais desse processo, os gestores precisam dispor das competências necessárias para conduzir equipes na elaboração e implantação de estratégias que considerem não apenas fatores como competitividade, desempenho econômico-financeiro, efetividade, mas também aspectos comportamentais, sociais e culturais referentes ao desenvolvimento das

---

65 Segundo Dijksterhuis _et al._ (1999), a variação contextual envolve a tradução de uma lógica administrativa no nível micro-organizacional, utilizando esquemas gerenciais compartilhados, que levam em consideração as variáveis nacionais e industriais de macronível, bem como as variáveis idiossincráticas da empresa. No próximo capítulo, abordaremos a questão de forma detalhada.

A TRAJETÓRIA DA ATIVIDADE GERENCIAL NO CONTEXTO DAS ORGANIZAÇÕES

pessoas, assim como a ética e a responsabilidade social, entre outros.

Essas transformações desencadearam a necessidade de competências gerenciais pautadas em princípios da educação, da participação e da liberdade de expressão, o que tornou a tarefa de gerenciar uma organização mais complexa.

> [...] os líderes do século XXI encontrarão exigências maiores e mais complexas. Até bem pouco tempo, os líderes tinham poder para moldar as organizações de forma a sustentar seus valores pessoais, premissas e estilo. A explosão tecnológica, a crescente consciência de que as pessoas são um fator fundamental na eficácia organizacional e a descoberta de que as organizações devem ter programas econômicos e sociais, independente do setor em que operam, desgastaram pouco a pouco a autonomia do líder.[66]

Apesar de os gerentes estarem conscientes de que o seu papel nas organizações sofreu grandes mudanças, ainda existe muita dificuldade para introduzir uma nova filosofia gerencial, pautada numa visão mais personalística e contextualizada para o ambiente em que atuam, assim como ainda há muita resistência contra a mudança nos modelos mentais[67] que orientam sua atividade.

Existem fatores individuais e contextuais que devem ser levados em consideração na prática gerencial. Esses fatores não estão associados apenas a aspectos objetivos, mas devem considerar a natureza

---

66 BECKHARD, R. Sobre líderes do futuro. In: HESSELBEIN, F. *et al. O líder do futuro*: visões, estratégias e práticas para uma nova era. São Paulo: Futura, 1996. cap. 13, p. 142.

67 Os modelos mentais "são pressupostos profundamente arraigados, generalizações ou mesmo imagens que influenciam nossa forma de ver o mundo e de agir" (SENGE, 1999, p. 42).

subjetiva das pessoas. Dessa forma, compreender a atividade gerencial à luz de um pensamento complexo pode contribuir para o desenvolvimento e a difusão de uma abordagem multidimensional. O próximo capítulo aborda a emergência do pensamento complexo na prática gerencial.

RELATOS GERENCIAIS
As transformações no contexto e na prática gerencial

CARACTERIZAÇÃO DA ORGANIZAÇÃO

NOS ÚLTIMOS 20 ANOS, ocorreram fatos marcantes que culminaram em um processo de transformação. O primeiro deles ocorreu com a extinção da chamada conta-movimento, que retirou a possibilidade de a organização efetuar saques diretamente de uma conta do Tesouro Nacional. O Banco ABC deixou de ter autoridade monetária, mas foi autorizado a praticar qualquer tipo de operação ativa, passiva e acessória permitidas às demais instituições financeiras. Isso possibilitou à organização atuar nas mesmas condições dos bancos privados.

Apesar de a instituição passar a atuar em uma nova realidade sem a tutela do Governo Federal, sua forma de gestão sofreu poucas alterações. A cultura e a estrutura continuaram sendo balizadas por um modelo de empresa pública. Um momento marcante na história do banco foi o processo de mudança radical decorrente de profundas transformações ocorridas no ambiente empresarial ocasionadas pela implantação do Plano Real, em 1994. O ingresso dos bancos estrangeiros contribuiu para o aumento da competição no setor, o que levou os bancos a iniciar um processo de modernização, por meio de ajustes na estrutura, redução de custos, introdução de novas tecnologias e oferta de novos produtos e serviços. Esse processo introduziu uma nova dinâmica empresarial, que objetivou satisfazer as necessidades dos clientes e fazer frente à concorrência.

A partir de 1995, o Banco ABC implementou uma série de medidas conhecidas como Plano de Ajustes. Essas medidas tinham como foco ações internas e outras voltadas para o mercado, que estavam baseadas em dois princípios básicos: eliminar o desequilíbrio financeiro do banco, em curto prazo, por meio da redução de custos, e incrementar as receitas e modernizar a empresa, em médio e longo prazos, visando atuar em um mercado competitivo e numa economia estável.

Para se ajustar às demandas de mercado, a organização mudou sua arquitetura organizacional, delimitando, a partir de 2002, seu campo de atuação de acordo com a segmentação de seus clientes.

As mudanças na estrutura de atuação do banco levaram à: a) implantação de uma nova filosofia de negócios, ampliando o contexto de atuação da organização; b) revitalização da cultura organizacional; c) implantação de gestão por resultados; d) mudança no foco de atuação dos profissionais. Isso pode ser ratificado nos relatos gerenciais a seguir sobre o contexto da ação gerencial e os determinantes da prática gerencial.

CONTEXTO DA AÇÃO GERENCIAL

O CONTEXTO DE ATUAÇÃO DOS GERENTES envolve a comercialização de produtos e serviços em um setor exigente, competitivo, que demanda qualidade. Após um processo de transformação, o perfil dos gerentes teve de se adequar à nova dinâmica competitiva do setor bancário, uma vez que esses profissionais deixaram uma visão de prestadores de serviços para atuar como vendedores.

Essas transformações decorrentes do contexto da prática gerencial demandaram dos gerentes uma preocupação com a implementação de estratégias, por meio do estabelecimento de metas na busca de resultados para a organização.

Os consumidores passaram a ser mais exigentes e a concorrência no setor ficou mais acirrada com o ingresso, no mercado brasileiro, de grupos internacionais. As transformações no ambiente empresarial, na última década, levaram muitas organizações a repensar seu foco de atuação. No Banco ABC não foi diferente, pois é uma organização que atua em um setor dinâmico e competitivo. Os gerentes ressaltam que o Banco ABC teve de mudar sua filosofia empresarial, revitalizando a cultura de prestação de serviços e introduzindo o processo de comercialização de produtos como determinante para sua atuação no mercado.

A gestão de resultados foi implantada no contexto das agências e os gerentes tiveram de rever as práticas gerenciais e incorporar as atividades de vendas em seu trabalho. Além disso, eles passaram a atuar de acordo com metas, com atitudes mais proativas para ir ao encontro do mercado, visando captar clientes pela venda de produtos e serviços.

O processo de gerenciamento no banco levou os gerentes a balizar alguns aspectos de sua prática gerencial, tais como o gerenciamento de equipes, o cumprimento de normas e, também, a importância de compatibilizar o cumprimento de metas sem descuidar dos processos internos.

Um dos gerentes usou a frase "Tem de mostrar resultados" para indicar que é preciso vender mais para trazer um retorno para a organização. "Pressão" e "cobrança" são palavras que estão presentes no contexto da prática gerencial. Os parâmetros que desencadeiam a pressão e a cobrança estão ligados à gestão por resultados.

Para permanecer no mercado, o banco precisa atuar de forma proativa. Um dos gerentes destaca um novo papel exercido pelo bancário após o aumento da competitividade, que envolve a venda de produtos e enfatiza que o estabelecimento de metas levou o banco a exigir mais de seus funcionários. Todo o contexto da prática gerencial revelado nos relatos dos gerentes indica a existência de desafios em sua atuação.

Esses desafios são compartilhados e envolvem a comercialização de um produto dentro dos parâmetros estabelecidos pela legislação. Quem normatiza esses parâmetros são os processos internos, que possuem dois indicadores essenciais em sua gestão: a segurança das operações e a qualidade.

O trabalho desenvolvido na agência é interessante e motivador porque não é rotineiro (cada dia que passa tem uma novidade). O que deixa o gerente motivado é justamente a possibilidade de explorar um mercado novo.

Um dos gerentes relata a importância do planejamento, que no contexto da atividade demanda a necessidade de busca de informação, de reflexão sobre as várias alternativas e também a organização de suas atividades.

As transformações ocorridas no ambiente empresarial provocaram mudanças na estrutura de atuação do banco, o que suscitou a introdução de uma nova filosofia de negócios, pautada na gestão por resultados, na comercialização de produtos e também na gestão dos processos internos. Isso demandou transformações na prática gerencial.

FATORES DETERMINANTES DA PRÁTICA GERENCIAL

A PRÁTICA GERENCIAL ENVOLVE VÁRIOS ATRIBUTOS ligados ao relacionamento, ao trabalho em equipe, à valorização das pessoas e ao conhecimento de suas características de personalidade, à preocupação com os interesses do grupo, à flexibilidade no estilo de gestão e à decisão colegiada.

Inicialmente, os gerentes relatam que a gestão de pessoas é um processo difícil, que pode ser um problema ou uma solução. Existem alguns aspectos em sua prática gerencial que delimitam o estilo de gestão. Manter uma relação mais próxima com os colaboradores, criar um clima organizacional em que as pessoas se sintam bem, trabalhem bem, tenham vontade de fazer e acontecer é um desafio. O contexto da atividade bancária demanda a participação ativa das pessoas. Assim, a criação de um clima saudável, sem muita pressão, mas com controle, tem um significado essencial no exercício da prática gerencial. Um dos gerentes expressa em duas frases como a equipe precisa reagir sobre a necessidade de cumprimento de metas: "Vontade para trabalhar esse atingimento de metas" e "Pressão que não consigam dar conta". Para o gerente, a transmissão de metas para a equipe envolve sentimentos de vontade e trabalho sem muita pressão. Outro gerente destaca a priorização das pessoas em relação aos processos, pois estes são normatizados.

A gestão das pessoas, para os gerentes, é difícil porque cada um tem a sua individualidade e características de personalidade diferentes. Essa diversidade demanda o desenvolvimento de estilos gerenciais pautados pela contingência das relações profissionais, uma vez que, dependendo das características de um colaborador, o gerente adota um estilo mais autoritário e centralizador ou mais flexível.

Na prática relatada pelos gerentes, existe a preocupação em ajudar os funcionários da equipe a acreditar em seu potencial. A preocupação com o grupo, o conhecimento do potencial das pessoas e a capacidade de motivá-las a se desenvolver fazem parte da prática gerencial. Alguns atributos marcantes nessa prática envolvem a busca e a manutenção da coesão, o interesse e a motivação da equipe e o relacionamento.

A preocupação com a equipe é uma forma de levá-la a confiar mais na liderança. É uma relação de troca em que a preocupação do gerente quanto aos seus colaboradores é o que gera a confiança no líder. Outro aspecto relevante envolve a influência das emoções das pessoas na gerência. Quando o gerente passa a conhecer os comportamentos e as atitudes de seus colaboradores, desenvolve a capacidade de administrar as emoções e a interferência delas em sua atuação diminui.

Nas experiências relatadas por dois gerentes, o relacionamento interpessoal, presente na prática gerencial, é a base de tudo. O "tudo" citado por um dos gerentes envolve a motivação de seus colaboradores, a relação com o cliente, o cumprimento de metas e as relações sociais fora do ambiente de trabalho.

Uma das habilidades presentes na atuação dos gerentes é o processo decisório. Esse processo envolve uma escolha que pode ser definida por um processo individual ou coletivo. A decisão colegiada reforça a importância dos relacionamentos na prática gerencial.

Na prática gerencial, a decisão compartilhada é melhor porque envolve o maior número de pessoas com visões diferentes. A participação de várias pessoas na decisão de uma concessão de crédito, por exemplo, é salutar pelos diferentes pontos de vista. Para um dos gerentes, a decisão colegiada é mais demorada do que a decisão individual, que pode ser mais rápida mas cuja implementação pode ser mais difícil. O tempo é citado como um fator que influencia a tomada de uma decisão colegiada. Quando várias pessoas emitem sua opinião visando a uma decisão, os diversos pontos de vista levam-nas a ter inúmeras visões, o que possibilita o estabelecimento de várias alternativas. Isso demanda tempo, mas promove uma integração e participação das pessoas envolvidas no processo.

Uma análise da situação no contexto atual leva os gerentes a refletir sobre o nível de qualificação necessário para assumir um cargo gerencial hoje, em razão das transformações ocorridas no Banco ABC. Um gerente afirmou que existem três fatores essenciais na prática gerencial: liderança, *coaching* e motivação para trabalhar em equipe.

O contexto da ação gerencial suscita a valorização dos relacionamentos pautados no compartilhamento de informações, na produtividade por meio das pessoas e na preocupação com a gestão por resultados. Todo o processo de mudança ocorrido no contexto do banco levou seus gerentes a repensar a forma de atuação, provocando um processo de adaptação e aprendizado.

QUESTÕES PARA DISCUSSÃO

1 Com base nos relatos gerenciais, como você caracteriza o contexto interno e externo de atuação dos gerentes?
2 Como você avalia as implicações das mudanças ocorridas na organização, na prática gerencial?

3 Quais os atributos indicados pelos gerentes como determinantes em sua prática gerencial? Qual deles você considera mais importante? Justifique sua resposta.

4 Levando em consideração o que foi abordado no Capítulo 1, como você caracteriza o estilo de gestão dos gerentes?

5 Existem evidências nos relatos dos gerentes que ratifiquem a introdução de uma perspectiva mais complexa e multidimensional da atividade gerencial? Justifique a sua resposta.

Capítulo 2

O pensamento complexo e a prática gerencial

A PRÁTICA GERENCIAL É UM CONJUNTO DE AÇÕES QUE ABRANGE AS ATIVIDADES E OS PAPÉIS EXERCIDOS POR GERENTES, É VIVENCIADA EM UM CONTEXTO SOCIAL E LIGADA AO SABER PRÁTICO[1] OU ENTENDIMENTO PRÁTICO.[2] Essa noção de saber prático vincula o conhecimento à experiência. O entendimento prático é resultado do desenvolvimento de uma competência gerencial, apoiada em conhecimentos adquiridos que se transformam em função do aumento da diversidade de situações.

No capítulo anterior, abordamos a necessidade de pensar a atividade gerencial como um processo, que no entanto não pode ser encarado de forma linear porque o ambiente empresarial mudou e as relações entre os diversos agentes envolvidos no processo também. Neste capítulo, discutiremos como o

---

1 REIMBOLD; BREILLOT, 1995.
2 ZARIFIAN, P. *Objetivo competência*: por uma nova lógica. São Paulo: Atlas, 2001.

pensamento complexo pode auxiliar os gerentes a introduzir uma nova forma de pensar a prática gerencial.

Existem fatores individuais e contextuais que devem ser levados em conta que não estão associados apenas a aspectos objetivos, mas devem considerar a natureza subjetiva das pessoas.

Dessa forma, **compreender a atividade gerencial à luz de um pensamento complexo pode contribuir para o desenvolvimento e a difusão de uma abordagem multidimensional, uma vez que não se pode mais pensar tal atividade de forma fragmentada e racionalizada.**

> *Como o pensamento complexo pode auxiliar os gerentes a entender a inserção de sua prática em um processo marcado pela complexificação das relações empresariais?*

Essa complexificação demanda o estabelecimento de várias abordagens e processos, que muitas vezes cria um campo de conflitos sobre qual a melhor maneira de gerenciar um sistema organizacional em meio a um ambiente externo permeado de instabilidade e incerteza e um ambiente interno marcado pela diversidade, participação e emergência da subjetividade humana.

Por que palavras como "subjetividade", "multidimensionalidade" e "complexidade", devem ser introduzidas no pensamento gerencial? Muitos livros e artigos valorizam aspectos como sucesso, desempenho e competitividade e difundem um discurso em que o gerente é percebido como um profissional que deve reunir um conjunto de atributos que possibilitem garantir a sua empregabilidade e também a sobrevivência da empresa. Esse discurso leva os profissionais que atuam em cargos gerenciais a dedicar muito tempo e energia à dimensão profissional, e muitos deles acabam por incorporar esse discurso em sua ação e se transformar em pessoas unidimensionais.

Isso não quer dizer que as pessoas não devam valorizar sua vida profissional, mas devem ter a consciência de que existe uma vida fora da organização que precisa de atenção e cuidado. Além disso, as pessoas que exercem cargos gerenciais devem expressar seus sentimentos de forma mais natural. Por que um gerente não pode sentir medo e expressá-lo com naturalidade? Se um problema familiar está afetando o seu trabalho, por que não compartilhá-lo com outras pessoas? Se está inseguro sobre uma decisão, o gerente pode discutir sua dúvida com seu superior ou isso demonstrará insegurança? Será que o gerente pode externalizar algum tipo de sofrimento sem demonstrar fraqueza? Vamos discutir neste livro como a subjetividade humana passa a fazer parte da atividade gerencial.

Demonstrar sentimentos e sensações, ter a consciência de que a vida deve ser percebida de forma multidimensional é uma maneira de perceber também o gerente como um ser de várias dimensões, que não estão fragmentadas, mas intimamente ligadas. **A ação gerencial é um processo em que a técnica, o conhecimento, a habilidade e o comportamento se misturam em um contexto profissional no qual a racionalidade instrumental abre espaço para a subjetividade, a razão e a emoção passam a ser mediadas pela experiência.**

O gerente precisa desenvolver uma estrutura de referência que o ajude a repensar sua prática e também auxilie as empresas a revitalizar seus processos organizacionais. A dinâmica das relações de mercado provoca a necessidade de mudança e de interação entre os vários agentes organizacionais, sejam eles pessoas, grupos sociais, organizações, mercados ou a própria sociedade, e esse olhar faz emergir uma nova forma de pensar as organizações, sob uma perspectiva institucional.

A perspectiva institucional vislumbra

> o ambiente como repositório de dois tipos de recursos: econômicos e simbólicos. Recursos econômicos são o dinheiro tangível, terra e maquinário. Recursos simbólicos incluem coisas como reputação de eficiência, líderes celebrados por realizações do passado e o prestígio proveniente de conexões fortes com empresas poderosas e bem conhecidas.[3]

As organizações não são fenômenos essencialmente objetivos ou puramente subjetivos. Caracterizam-se como sistemas objetivos quando exibem estruturas apenas modificáveis pela ação dos atores organizacionais, e subjetivos quando essas estruturas têm pessoas que exercem suas atividades embasadas nas próprias percepções, podendo agir de forma previsível ou imprevisível.[4]

O ato imprevisível, aquele que não é definido objetivamente, mas pode estar legitimado nos indivíduos, é vinculado aos preceitos institucionais. Meyer e Rowan[5] ampliaram os estudos sobre a perspectiva institucional e sustentam que essa ênfase na análise sociológica pode ser representada nos estudos organizacionais devido às estruturas organizacionais formais

---

3 MINTZBERG, H.; AHLSTRAND, B.; LAMPEL, J. *Safári de estratégia*: um roteiro pela selva do planejamento estratégico. Porto Alegre: Bookman, 2000.
4 ASTLEY, W. G.; VAN DE VEN. Debates e perspectivas centrais na teoria das organizações. *Revista de Administração de Empresa*, v. 45, n. 2, 2005.
5 MEYER, J. W.; ROWAN, B. Institutionalized organizations: formal structure as myth and ceremony. In: POWELL, W. W.; DIMAGGIO, P. J. (orgs.). *The new institutionalism in organizations analysis*. Londres: The University of Chicago Press, 1991.

surgirem em contextos altamente institucionalizados, ou seja, condicionadas pelo ambiente institucional.

A análise do ambiente institucional envolve a preocupação com a relação entre o nível micro e macro e é relevante, uma vez que a explicação de fenômenos sociais suscita uma especificação objetiva da interdependência das ações individuais. A teoria institucional pode contribuir com seu poder explicativo ao forçar o confronto com a relação entre fenômenos do nível macro, como a formação de campos organizacionais, e do nível micro das crenças, identidades e práticas, característicos do contexto das instituições.[6]

Esferas sociais e políticas estão permeadas de pessoas, grupos e empresas que podem ter interesses distintos e são considerados agentes institucionais. O conhecimento e a interpretação dos anseios, desejos e interesses dos agentes podem interferir direta ou indiretamente na organização. **A perspectiva institucional pode auxiliar a compreender de forma mais ampla a relação e a interação entre esses vários agentes no contexto macro e micro-organizacional.**

Um *agente* mantém estreita relação com o ambiente por meio de estratégias e possui capacidade para lidar com outros agentes. Cada agente tem um conjunto de propriedades, incluindo o local (onde o agente opera), as capacidades (a maneira como o agente pode afetar o mundo) e a memória (que impressões um agente pode trazer do seu passado).[7]

---

6 AUGUSTO, P. O. M. Teoria institucional: qual o lugar da agência? In: *Anais do XXXI Encontro Anual da Anpad*, Rio de Janeiro: Anpad, 2007. [CD-ROM].
7 AXELROD, R.; COHEN, M. D. *Harnessing complexity*: organizational implications of a scientific frontier. The Free Press Nova York: 2000.

> *Que aspectos podem ratificar a emergência de um pensamento complexo nas organizações, e como a complexidade afeta a prática gerencial?*

O *ambiente* assume um papel determinante nesse novo olhar das organizações por meio de um pensamento complexo. As organizações complexas são sistemas naturais e, de acordo com Thompson, se referem a

> um conjunto de partes interdependentes que, juntas, formam um todo, porque cada uma delas contribui com alguma coisa e recebe alguma coisa do todo que, por sua vez, é interdependente com algum ambiente maior. A sobrevivência do sistema é tomada pelo objetivo e as partes e seus relacionamentos presumivelmente são estipulados por processos evolutivos.[8]

Nesse conceito, fica evidente a existência de trocas entre as partes e o todo, o micro e o macro, que contribuem para a busca da sobrevivência, um processo marcado pelos relacionamentos e pela evolução. **O gerente, como agente de transformação, tem a responsabilidade de criar um ambiente permeado de trocas entre os agentes para que o processo de adaptação contribua para a evolução do sistema.**

Na interação com o ambiente existem *relações entre os agentes* que se tornaram mais complexas porque as organizações estão procurando alternativas para se manter no mercado, o que implica a necessidade de criação de mecanismos de seleção e

---

8 THOMPSON, J. D. *Dinâmica organizacional*: fundamentos sociológicos e teoria administrativa. São Paulo: McGraw Hill do Brasil, 1976, p. 20-1.

interação entre os agentes internos e externos, assim como de reconhecimento da variação presente nesse contexto. Para Dijksterhuis *et al.*[9], as mudanças no ambiente organizacional são os dispositivos que acionam a organização para que reconsidere suas formas organizacionais atuais. Nesse cenário, o ambiente é visto como fonte primária para promover tais mudanças.

Essas considerações levam a um questionamento: como o pensamento complexo emergiu no contexto das organizações e de que forma ele pode auxiliar os gerentes a revitalizar suas práticas?

2.1 O pensamento complexo nas organizações

PARA ENTENDER COMO O PENSAMENTO COMPLEXO trouxe implicações para a prática gerencial, abordaremos sua introdução no contexto das organizações, uma vez que é nesse espaço social que o gerente atua e é por meio de um processo interativo e de trocas que se estabelecem novas relações entre os vários agentes que participam do sistema organizacional.

Uma análise do pensamento científico clássico na história da ciência indica que ele foi edificado em três pilares: "ordem", "separabilidade" e "razão".[10] Esses três pilares também servem para ilustrar como **a atividade gerencial foi marcada por uma visão funcionalista que não deve mais reinar sozinha no campo das organizações.** Vamos utilizar a expressão "não deve mais" porque podemos partir do princípio de que ainda podem existir pessoas que mantêm

---

9 DIJKSTERHUIS M. S. *et al.* Where do new organizational forms come from? Management logics as a source of coevolution. *Organization Science*, v. 10, n. 5, p. 569-82, set.–out. 1999. Focused Issue: Coevolution of Strategy and New Organizational Forms.

10 MORIN, E.; LE MOIGNE, J.-L. *A inteligência da complexidade.* 2. ed. São Paulo: Peirópolis, 2000.

uma visão cartesiana e racionalizada da realidade organizacional, o que dificulta a introdução de novas maneiras de vislumbrar as ações organizacionais e, conseqüentemente, as gerenciais.

Surgiram visões alternativas para compreender a realidade, e a complexidade é uma delas. Os estudos sobre a complexidade ganharam força com a difusão dos conceitos de sistemas abertos na década de 1960.[11] A utilização do pensamento complexo na busca da compreensão de fenômenos organizacionais avançou nos últimos anos, uma vez que seus conceitos possibilitam novos *insights* e trazem um novo olhar para a análise de tais fenômenos.[12]

Um dos desafios do pensamento complexo está intimamente relacionado à prática gerencial, uma vez que é

> amplo e premente: a necessidade de um pensamento que reúna é cada vez maior porque os problemas são cada vez mais interdependentes e cada vez mais globais e, ao mesmo tempo porque sofremos cada vez mais de excesso de parcelização e de compartimentalização de saberes.[13]

O gerente precisa desenvolver um pensamento complexo, que dialogue com a incerteza e crie condições para reunir, contextualizar, globalizar, mas ao mesmo tempo reconhecer o singular, o individual, o concreto.[14] **O pensamento complexo introduz uma nova forma de pensar, revelando a necessidade de olhar**

---

11 ANDERSON, P. Complexity theory and organization science. *Organization Science*, v. 10, n. 3, p. 216-32, mai–jun. 1999.
12 ANDERSON, 1999; MOLDOVEANU, M. C.; BAUER, R. M. On the relationship between organizational complexity and organizational structuration. *Organization Science*, v. 15, n. 1, p. 98-118, jan.–fev. 2004.
13 MORIN; LE MOIGNE, 2000, p. 136.
14 MORIN; LE MOIGNE, 2000.

a organização como um sistema adaptativo, inacabado e permeado de incerteza, dúvida, questionamento.

A inserção do pensamento complexo nas organizações está vinculada à ocorrência de eventos que influenciam e são influenciados pela interação entre agentes. Existe uma série de propriedades emergentes que caracterizam a natureza complexa da organização, que é um sistema único. A unicidade do sistema é conseqüência da integração de suas propriedades, que não podem ser percebidas de forma isolada.[15]

As propriedades dos sistemas envolvem todos os agentes que mobilizam uma série de recursos, que consistem não apenas em dimensões físicas, financeiras ou materiais, mas dependem do conhecimento e das habilidades das pessoas. Essas propriedades caracterizam o sistema e são emergentes porque os eventos suscitam a difusão de práticas capazes de ajudar a organização a lidar com a incerteza, a dialogar com ela. O gerente é o responsável pela mobilização desses recursos em determinada situação profissional, e como é um processo interativo e dinâmico fica difícil pensar a prática gerencial por meio de uma lógica linear e prescritiva. **Pensar a prática gerencial de uma perspectiva complexa requer a compreensão das organizações como sistemas adaptativos complexos.**

2.2 Organizações como sistemas adaptativos complexos

O AMBIENTE EM QUE AS ORGANIZAÇÕES ATUAM é permeado de mudanças que trazem implicações para os agentes e suas

---

15 AXELROD; COHEN, 2000.

estratégias. Zimmerman[16] afirma que a complexidade estuda os Sistemas Adaptativos Complexos (SAC). A figura abaixo ilustra o significado de um SAC.

FIGURA 2.1 – Sistema adaptativo complexo

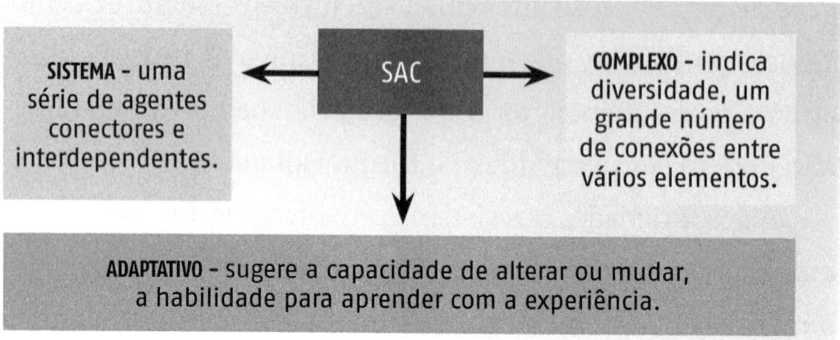

SISTEMA - uma série de agentes conectores e interdependentes.

SAC

COMPLEXO - indica diversidade, um grande número de conexões entre vários elementos.

ADAPTATIVO - sugere a capacidade de alterar ou mudar, a habilidade para aprender com a experiência.

FONTE: ZIMMERMAN, v. 42, n. 2, 1999.

Alguns aspectos-chave presentes em cada um dos conceitos merecem ser destacados. O primeiro deles é a relação de interdependência dos agentes em um sistema. **Um gerente não pode esquecer que suas ações e as ações de seus pares, superiores ou de seus colaboradores não são isoladas, mas interconectadas.** Essa conexão revela a grande diversidade existente no sistema: diversidade de idéias, de opiniões, de percepção, de estratégias, de cursos de ação, de práticas de gestão, entre outros. Isso também implica o desenvolvimento de uma capacidade de promover ajustes ou mudanças, mas, sobretudo, de tornar a experiência uma atividade educativa, que promova o aprendizado e conseqüentemente a co-evolução do sistema e de seus agentes. O que é co-evolução? Vamos responder a essa questão mais adiante.

16 ZIMMERMAN, B. Complexity science: a route through hard times and uncertainty. *Health Forum Journal*, v. 42, n. 2, p. 42-6, mar.–abr. 1999.

Uma das características de um SAC é a sua unicidade, pois cada um tem a sua história e também uma forma de interação com o ambiente. Podem existir similaridades entre dois sistemas, mas eles não são iguais. Entender a natureza singular de um SAC possibilita ao gerente reconhecer a necessidade de imersão no contexto social em que ele foi criado e se desenvolveu e no estado que se encontra atualmente. Apesar da sua unicidade, existem elementos que caracterizam um SAC e podem auxiliar o gerente a compreendê-lo, como ilustra o quadro a seguir.

QUADRO 2.1 – Elementos e especificidades de um SAC

ELEMENTOS	ESPECIFICIDADES
Agentes com esquemas	Em uma organização, podem ser pessoas, grupos ou coalizões de grupos. O comportamento de cada agente é orientado por um *esquema*, que é uma estrutura cognitiva que determina as ações dos agentes em função da sua percepção em relação ao ambiente.
Redes auto-organizadas sustentadas pela importação de energia	Os agentes são conectados entre si, de modo que o comportamento de um agente particular depende do comportamento (ou estado) dos agentes em um sistema. Em um SAC, os agentes são conectados com os outros por laços de *feedback*.
Co-evolução para a Era do Caos	Os agentes co-evoluem uns com os outros. Cada um dos agentes se adapta ao ambiente por meio de um esforço para aumentar o saldo ou manter suas funções em forma ao longo do tempo. O equilíbrio que resulta de tal co-evolução é dinâmico e não estático.
Recombinação e evolução do sistema	O SAC evolui ao longo do tempo por meio de entradas, saídas e transformação de agentes. Novos agentes podem ser formados mediante uma recombinação de elementos de agentes que obtiveram sucesso previamente. Um SAC pode englobar outro. Eles representam uma maneira genuína de representar o complexo. O fluxo dos resultados dentro de um sistema depende da forma como os agentes estão interconectados.

FONTE: BASEADO EM ANDERSON, 1999.

O que podemos extrair desses elementos do SAC para caracterizar a prática gerencial como complexa? O primeiro aspecto envolve o conceito de "agente com esquemas". Um esquema implica um modelo mental que influencia nossas ações. Conhecer esses modelos mentais é uma forma de o gerente entender como os agentes atuam dentro de um sistema. Esses agentes não atuam de forma isolada, e o que os une são os *laços de feedback*. Stacey[17] destaca que são os *laços de feedback* que ilustram como o sistema opera. É um processo que envolve três aspectos-chave: a *descoberta*, a *escolha* e a *ação*. Um aspecto marcante nessa perspectiva é que o sistema se auto-organiza. Não existe um componente que dita como o sistema se comporta, mas são as interações entre os vários elementos que delimitam o comportamento coletivo do sistema. Manter um estado auto-organizante requer a importação de energia.[18]

FIGURA 2.2 – Interação entre agentes por *laços de feedback*

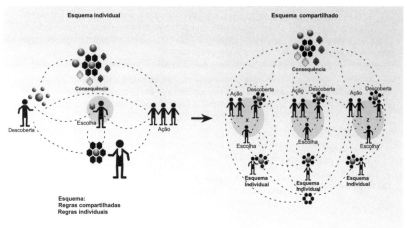

FONTE: Adaptado de REBELO, L. M. B. *A dinâmica do processo de formação de estratégias de gestão em universidades*: a perspectiva da teoria da complexidade. 2004. TESE (Doutorado em Engenharia de Produção) – Universidade Federal de Santa Catarina, Florianópolis, 2004.

17 STACEY, R. D. *Complexity and creativity in organizations*. San Francisco: Berrett-Koehler Publishers, Inc., 1996.
18 ANDERSON, 1999.

A figura ilustra como se desenvolve o processo de interação entre os agentes na busca de um processo de desenvolvimento de esquemas compartilhados. Como vimos anteriormente, existem três elementos que integram um esquema[19]:

ⓐ DESCOBERTA: é um processo de busca de informação e geração de sentido, que serve de referência para uma escolha.

ⓑ ESCOLHA: são ações tomadas em decorrência dos significados atribuídos pelos agentes no processo de descoberta. Para isso, eles utilizam esquemas, que podem ser específicos (individuais) ou compartilhados.

ⓒ AÇÃO: são estratégias que os agentes adotam que geram implicações nas ações dos demais agentes. As conseqüências da ação criam um círculo virtuoso, levando a novas descobertas, escolhas e ações, ressignificando esquemas individuais e compartilhados.

No processo de interação entre os agentes, os gerentes devem ter consciência de que ela não pode ser totalmente prescrita ou prevista; ela emerge das relações de troca entre esquemas individuais na busca de esquemas compartilhados. Esse é mais um ponto que evidencia a inserção do pensamento complexo na prática gerencial.

Neste momento, alguns questionamentos podem estar nos incomodando. Como são construídos os esquemas dos agentes? Que fatores influenciam as trocas entre os agentes? Stacey[20] fornece algumas pistas que podem nos ajudar a compreender a estrutura interna dos agentes, pois eles:

19 STACEY, 1996.
20 STACEY, 1996.

» são afetados pela emoção, pela sensação e pela maneira de lidar consigo e com os outros numa dinâmica inspiradora e ansiosa;

» têm o livre-arbítrio para adotar uma postura individualista em seus propósitos ou de conformidade com as necessidades do grupo a que pertencem;

» são afetados pelas diferenciações de poder existentes em suas relações;

» são capazes de pensar sistemicamente, observando, refletindo e alterando o comportamento de acordo com suas percepções sobre o funcionamento do sistema de que fazem parte;

» são, ao mesmo tempo, participantes e observadores da realidade.

Essas considerações ilustram que **a inserção do pensamento complexo nas organizações leva o gerente a vislumbrar sua prática de uma perspectiva multidimensional, uma vez que entram em cena aspectos da subjetividade humana que tornam a prática gerencial muito mais complexa.** Essa natureza dialógica, interativa, singular e multifacetada revela a necessidade de vislumbrar as trocas entre os agentes de uma perspectiva co-evolutiva.

A co-evolução envolve um processo de interação simultânea e contínua que ajuda os agentes de um sistema a se adaptar e com isso conseguir evoluir. A introdução da perspectiva co-evolucionária pode ajudar os gestores a entender que não existe uma única forma de gerir uma empresa. Tudo depende de como a organização está preparada internamente para lidar com a complexidade que envolve a relação entre a empresa e o ambiente. As pequenas alterações no comportamento de um agente dentro de um SAC podem trazer grandes mudanças em todo o sistema.

Os elementos que integram um SAC (agentes com esquemas, redes auto-organizadas sustentadas pela importação de energia, co-evolução para a Era do Caos e recombinação e evolução do sistema) introduzem termos de grande relevância para a prática gerencial, tais como agentes, esquemas, redes auto-organizadas, laços de *feedback*, co-evolução, recombinação e interconexão entre os agentes.

Esses elementos caracterizam a natureza interativa do Sistema Adaptativo Complexo, que é conseqüência das estratégias usadas por agentes ou população ao longo do tempo, que visam melhorar o desempenho, aumentando a sua capacidade de sobrevivência. Para isso, são necessários um aumento na probabilidade de estratégias efetivas e uma redução de estratégias não efetivas. Esse processo é chamado de *atribuição de crédito*: o agente aumenta a freqüência de estratégias de sucesso e diminui as estratégias sem sucesso.[21]

Como em todo Sistema Adaptativo Complexo, existem vários agentes que não são iguais. Denominamos o agrupamento desses agentes *população*. A variação existente no sistema é um dos requisitos para seu próprio desenvolvimento e adaptação.

2.2.1 As variáveis-chave de um Sistema Adaptativo Complexo

PARA COMPREENDER A ESTRUTURA e o funcionamento de um SAC, Axelrod e Cohen[22] propõem uma estrutura de referência

---

21 AXELROD; COHEN, 2000.
22 AXELROD; COHEN, 2000.

que engloba três variáveis-chave: a *variação*, a *interação* e a *seleção*. Essa estrutura de referência pode ser considerada uma contribuição da complexidade para a prática gerencial, uma vez que possibilita vislumbrar a ação gerencial de forma mais ampla, sem focalizar sua atenção em variáveis isoladas.

A *variação* fornece a matéria-prima para a adaptação do sistema por meio de um processo de aprendizagem. Para Holland[23], a *adaptação* pode ser equivalente à *aprendizagem*. Esse processo de aprendizagem de um agente em um sistema depende do estabelecimento de alguns limites sobre a sua quantidade e a sua variedade.

Vale ressaltar que a variedade deve ser contextualizada em função das características e objetivos relevantes para os agentes. Um conceito fundamental para compreender a atuação dos agentes em um SAC é o de *tipo*. Um tipo envolve uma categoria de agente dentro de uma grande população, que compartilha algumas características que são detectáveis. Nesse sentido, podemos afirmar que os tipos são classificados em razão de algumas similaridades entre os agentes do sistema adaptativo.[24] **Em uma empresa, gerentes, supervisores, clientes, fornecedores e concorrentes podem ser considerados tipos de agentes em função de sua especificidade.**

A noção de *tipo* facilita a discussão de categorias nas quais os agentes são instâncias e a maneira como os mecanismos alteram a variedade de uma população.[25] **Na prática gerencial, por**

---

23 HOLLAND, J. Sistemas complexos adaptativos e algoritmos genéticos. In: NUSSENZVEIG, H. M. *Complexidade e caos*. Rio de Janeiro: UFRJ/Copea, 1999, p. 213-30.
24 AXELROD; COHEN, 2000.
25 AXELROD; COHEN, 2000, p. 60-1.

exemplo, podem ser utilizadas várias ações visando à interação entre os agentes. Um gerente pode adotar várias estratégias para a resolução de um problema, para o trabalho em equipe e para a geração e o compartilhamento do conhecimento, entre outros. Existem tipos dentro da organização que podem demandar a necessidade de o gerente agir de forma diferente no processo de interação. Isso pode se refletir no estilo de liderança. A situação vivenciada pelo gerente é que vai determinar a melhor maneira de gerenciar o processo. Os esquemas gerenciais assumem configurações diferentes em contextos e situações específicas. Daí a importância do desenvolvimento de esquemas que sejam capazes de se adaptar ao processo, o que está intimamente vinculado à aprendizagem e à experiência.

O que promove a adaptação em um SAC é a forma como os agentes interagem. Não podemos esquecer que o significado de "adaptação" envolve um processo de alteração ou mudança na forma de pensar e agir, o que está intimamente ligado à noção de esquema já abordada anteriormente. Além disso, **a adaptação envolve a capacidade de aprendizagem com a experiência. Por isso adotamos o termo "prática gerencial", pois ele caracteriza melhor a ação do gerente em uma situação profissional.**

Em determinado contexto social existe um capital social que envolve todos os agentes. As características de uma organização social (tais como normas, redes e confiança, que facilitam a coordenação e a cooperação) podem ser um exemplo de capital social. Ele focaliza os benefícios do investimento em capital físico e intelectual.[26] Nesse sentido, o gerente deve procurar conhecer

---

26 AXELROD; COHEN, 2000.

a cultura, a estrutura e o funcionamento da organização, levando em conta aspectos formais, informais e comportamentais.

Esses aspectos ajudam a criar mecanismos de interação entre os agentes e são eles que vão dar forma aos eventos e às trocas entre os vários tipos de agentes. O gerente precisa se conscientizar de que seu papel no processo de interação é perceber como esses eventos se configuram e como os vários agentes envolvidos lidam com tais eventos.

O monitoramento de informações sobre o ambiente e os agentes, a capacidade de observação de como os agentes agem diante das contingências e também de como ocorrem as trocas entre os agentes podem auxiliá-lo a entender a dinâmica da interação em um SAC. As trocas entre os agentes podem ser associadas a sinapses. Na fisiologia, sinapse é o elo entre neurônios, onde ocorre a transmissão de impulsos nervosos de uma célula para outra. Como esse conceito pode ser aplicado pelo gerente no processo de interação? Um grupo de pessoas, por exemplo, tem competências individuais. **Sinapse é o mecanismo utilizado pelo gerente para promover trocas entre as competências individuais e gerar uma competência coletiva.** Esse processo de combinação de competências é único e por isso o sistema é complexo. Não existe um padrão único para a interação, mas podem ser utilizados mecanismos que favoreçam trocas entre os agentes em determinadas situações de trabalho, que são previsíveis e incertas ao mesmo tempo.

Em todo processo de adaptação existe a necessidade da *seleção* dos agentes, dos artefatos e das estratégias que serão utilizados pelo gerente em sua prática gerencial. Se isso não for possível, não se consegue a evolução do sistema.

Para lidar melhor com esse processo de seleção, Axelrod e Cohen[27] demonstram que em um projeto de um Sistema Adaptativo Complexo a seleção está relacionada a quatro pontos principais: definir os critérios de sucesso, determinar o nível de seleção (agentes ou estratégias), atribuir crédito ao sucesso e o fracasso e criar novos agentes ou estratégias.

A adoção de *critérios de sucesso* no contexto das organizações está vinculada a medidas de desempenho. O gerente é responsável pela determinação e pelo monitoramento dessas medidas. A partir de um pensamento complexo, o mais importante não é a medida em si, mas um processo de reflexão sobre sua definição e adequação ao sistema. Por que isso é essencial? Porque por trás dessas medidas existem eventos e ações que não são lineares, mas complexos em sua natureza em função da dificuldade de previsibilidade de seu comportamento ao longo do tempo. A definição de uma medida de desempenho sofre a influência de vários fatores que se comportam de forma não linear ao longo do tempo.

A participação do maior número de agentes na delimitação do que é sucesso para a organização pode possibilitar ao gerente criar um ambiente propício para revisar os critérios e indicadores de sucesso, além de influenciar a aprendizagem. A criação de objetivos e visões compartilhados por um grupo de agentes contribui para um processo de seleção e de refinamento dos parâmetros de sucesso. Vamos usar um exemplo interessante com a metáfora do jogo de xadrez para ilustrar se a vitória é o único critério adotado de sucesso.

27 AXELROD; COHEN, 2000.

O problema central é que a vitória ou a derrota vêm somente uma vez por jogo. Porém, ter mais de uma medida de desempenho por jogo poderia melhorar dramaticamente a taxa de adaptação. A forma mais comum é usar critérios que podem ser medidos no decurso do jogo. No xadrez ou na dama, isso é possível por meio da avaliação do jogo atual para ver quem está na frente nas peças e em vários aspectos da posição. Tais avaliações permitem escolhas inteligentes, no meio do jogo, baseadas em promessas que levam a uma melhor posição em poucos movimentos. Isso não exige ver todas as formas de vencer ou perder no final do jogo. Uma vez que você não consegue medir precisamente as conseqüências dos primeiros movimentos para a vitória, você introduz outros méritos que são mais facilmente previstos. Em um paradoxo mais parecido, você aumenta a chance de ganhar concentrando em um grupo de critérios que não incluem a vitória.[28]

Essa situação indica que muitas vezes não é o critério de sucesso (*o quê*) que na organização pode envolver a definição de uma medida de desempenho, mas *como* os eventos ocorrem ao longo do processo pode desencadear outros critérios que precisam ser monitorados e favorecer a capacidade de adaptação. A experiência vivenciada nesses eventos contribui para um processo de aprendizagem, e isso pode implicar rever os critérios de sucesso. O pensamento complexo se reflete na prática gerencial quando o gerente desenvolve a capacidade de perceber como todos os agentes interagem e como as suas ações estão integradas em eventos que não são lineares. Uma decisão

---

28 AXELROD; COHEN, 2000, p. 122.

decorrente de um evento pode desencadear outros eventos que irão afetar o resultado final. Não se pode pensar no sucesso em longo prazo sem estabelecer parâmetros ou medidas de sucesso em curto prazo, o que está intimamente ligado à criação de laços de *feedback* entre agentes internos e externos. Um aspecto relevante envolve o significado do termo "sucesso".

O sucesso vem sendo vinculado no contexto organizacional a variáveis quantitativas a partir de indicadores financeiros, de vendas, de produtividade, entre outros. Vincular o sucesso a uma variável de resultado sem considerar que existem vários eventos e ações individuais e coletivas que terão implicações no resultado final pode levar o gerente a achar que não foi bem-sucedido porque o indicador não foi alcançado. A reflexão sobre o que contribuiu para o alcance do indicador estabelecido pode ser mais importante do que o resultado em si, porque possibilita ao gerente aprender a partir da experiência e suscita um processo de avaliação sobre o resultado alcançado. Isso pode levá-lo a perceber que a medida de sucesso estabelecida precisa ser ajustada ou que houve influência de vários aspectos que contribuíram para o resultado final, o que implica avaliar como o contexto influiu no resultado final.

A determinação do *nível de seleção* dos agentes ou das estratégias é outro aspecto que deve ser considerado no processo de um Sistema Adaptativo Complexo. A seleção dos agentes demanda do gerente muita sensibilidade, uma vez que são as pessoas que dão vida ao sistema. Muitos processos de seleção de pessoas, por exemplo, valorizam aspectos técnicos, sociais e atitudinais. Mais do que o conhecimento, as habilidades e atitudes se tornam indicadores essenciais no recrutamento e na seleção, por exemplo. **Às vezes, um profissional tem muito conhecimento, mas tem dificuldade de aplicar esse conhecimento em determinada situação. Faltam a ele a habilidade e a atitude para fazer frente a alguns eventos, e isso faz muita diferença no mundo do trabalho.**

A delimitação de estratégias sofre a influência dos agentes que integram a população. Se o gerente conseguir escolher pessoas e combinar competências, poderá ajudar o sistema no processo de adaptação. Identificar critérios de sucesso para a seleção de agentes não é uma tarefa fácil, mas necessária, já que o gerente tem a responsabilidade pela condução de todo o processo.

A atribuição de *crédito ao sucesso* e *ao fracasso* é o terceiro aspecto que envolve a seleção de agentes ou estratégias. Axelrod e Cohen[29] consideram a atribuição de crédito vinculada ao uso de critérios de desempenho visando aumentar a freqüência de estratégias de sucesso e diminuir a freqüência das sem sucesso. Essa atribuição de crédito aos agentes ou às estratégias pode desencadear a necessidade de copiá-los, recombiná-los ou até destruí-los. Muitos gerentes podem ter dificuldade de identificar que fatores caracterizam uma agenda ou uma estratégia de sucesso e, em decorrência disso, atribuir crédito, por meio de uma recompensa, do reconhecimento e até de sua replicação, seja no âmbito do agente ou da estratégia. Caso ocorra um erro nessa atribuição de crédito, os prejuízos podem desencadear problemas. Essa dificuldade

---

29 AXELROD; COHEN, 2000.

de compreensão e até de previsão é que torna o sistema adaptativo complexo.

Vamos imaginar um gerente comercial que amplia a carteira de clientes da empresa ao longo do ano e que isso se reflete no volume de vendas. Esse gerente é reconhecido pelo trabalho e promovido. No final do ano seguinte, a maioria dos clientes trouxe prejuízos para a empresa em função da elevada inadimplência e não-cumprimento das cláusulas previstas no contrato.

O gerente, ao captar os clientes, se preocupou em aumentar a quantidade, mas não considerou os aspectos qualitativos envolvendo o processo; pode ter-se esquecido de considerar a credibilidade, a solidez e a imagem dos clientes no mercado em que atuam. Esses fatores certamente desencadearam eventos que trouxeram prejuízo para a organização.

Axelrod e Cohen[30] destacam três erros no processo de atribuição de créditos ao sucesso ou ao fracasso:

❶ DAR CRÉDITO A UMA PARTE QUANDO UMA PARTE MAIOR É RESPONSÁVEL. Muitas vezes valorizamos o trabalho de uma pessoa e atribuímos a ela os méritos pelos resultados alcançados, relegando o trabalho de toda a equipe. Isso também pode ocorrer no sentido inverso, quando atribuímos a culpa por um erro a alguém quando na verdade uma série de erros de várias pessoas desencadeou o problema.

❷ ATRIBUIR CRÉDITO A UMA SÉRIE DE FATORES ERRADOS. A falta de uma análise mais acurada, ou a dificuldade de relacionar uma

---

30 AXELROD; COHEN, 2000.

situação particular com o todo pode levar a erros graves na atribuição de crédito ao sucesso ou ao fracasso.

⊙ Não considerar o papel do contexto na atribuição de crédito. Muitas vezes, ao delimitar uma estratégia, estabelecemos padrões de comportamento que podem não ser adequados em função das contingências ambientais. Não podemos nos preocupar apenas com as nossas ações, que são mais fáceis de observar. Devemos compreender as condições em que essas ações são desenvolvidas.

Esses erros indicam a necessidade de os gerentes se preocuparem em fazer simulações durante o estabelecimento de indicadores e também no processo de atribuição de crédito ao sucesso e ao fracasso. **A reflexão e a experiência são atributos essenciais, e isso também implica repensar esquemas individuais e compartilhados, o que torna o processo rico em situações de aprendizagem.** Como abordamos anteriormente, até o significado do termo "sucesso" e também o de "fracasso" precisam ser avaliados de forma mais ampla.

O último aspecto que caracteriza a seleção em sistemas adaptativos complexos é a *criação de novos agentes ou estratégias*. O gerente depara com diversas situações em sua prática gerencial e precisa fazer escolhas sobre a situação de seus colaboradores ou das estratégias que vem difundindo no contexto organizacional.

Em relação aos colaboradores, será que as práticas de trabalho de uma pessoa que tem um bom desempenho devem ser copiadas por outras pessoas? E aqueles que não vêm obtendo bons resultados, devem ser excluídos? Qual o custo da substituição? Qual o tempo de espera para o desenvolvimento de um profissional? É mais barato contratar um profissional pronto ou desenvolvê-lo na própria empresa? Essas questões fazem parte da reflexão sobre a seleção de novos agentes, sua recombinação ou até sua exclusão do sistema.

Se o processo de seleção tem como objetivo a adaptação, é preciso considerar que muitas vezes a prática difundida por um profissional, ao ser copiada, pode não se adequar a outra situação em função do contexto e do comportamento da pessoa. Isso também acontece no caso de uma estratégia. Uma empresa não pode copiar uma estratégia de outra empresa, uma vez que ela possui uma identidade cultural e atua em um contexto em que existe variação e interação entre agentes, que demanda a adaptação da estratégia ao seu contexto de ação.

Além das quatro características inerentes à seleção em sistemas adaptativos complexos, Axelrod e Cohen[31] ressaltam o papel do gerente como um líder visível, ou seja, como aquele que é percebido pelo grupo pelos comportamentos difundidos em sua prática gerencial, que acabam sendo imitados devido ao crédito que as pessoas atribuem em função do sucesso obtido, ou pela experiência profissional. Esse processo, muitas vezes, não é deliberado, mas inconsciente. Os autores apontam três razões para atribuição de crédito e "cópia" de um gerente: os padrões estabelecidos pelo gerente oferecem incentivos à sua replicação; as ações ou as medidas de desempenho estabelecidas pelo gerente

---

31 AXELROD; COHEN, 2000.

são percebidas como bem-sucedidas e vale a pena copiá-las; o gerente pode ser um exemplo, pois ajuda a determinar normas benéficas em determinado contexto social.

O desejo das pessoas de replicar comportamentos de outras em posições de liderança, por considerarem que isso pode ajudá-las a melhorar seu desempenho, pode não funcionar, o que ocorre justamente porque as pessoas cometem os mesmos erros indicados anteriormente no processo de atribuição de crédito. Isso não quer dizer que a estratégia não seja válida. Vamos discutir, neste livro, o papel do contexto e da experiência na aprendizagem gerencial. Não adianta, porém, querer copiar padrões de comportamento de outras pessoas sem compreender o contexto em que essas práticas serão difundidas e, também, nossas características individuais.

A complexidade entra em cena no campo das organizações e na prática gerencial para ampliar a nossa "lente da visão" e perceber a variedade existente nesse contexto, além da natureza dinâmica e multifacetada do processo de interação e seleção de agentes e estratégias. Vislumbrar a prática gerencial por meio de um pensamento complexo implica criar uma relação dialógica entre a certeza e a incerteza, as partes e o todo, a ordem e a desordem, o simples e o complexo. A compreensão do ambiente da prática gerencial pode auxiliar os gerentes nessa relação dialógica.

2.3 O ambiente complexo da prática gerencial

POR QUE A QUESTÃO DO AMBIENTE deve ser considerada na prática gerencial? Como o ambiente tornou a prática gerencial complexa? Vamos responder a esse questionamento partindo do princípio de que as mudanças no ambiente organizacional são os dispositivos que acionam a organização para que reconsidere suas formas organizacionais atuais. Nesse contexto, o ambiente é visto como fonte primária para promover tais mudanças[32], e a compreensão dos conceitos de co-evolução e adaptação podem auxiliar os gerentes a perceber sua ação de forma complexa.

Em função da adaptabilidade e da flexibilidade, Dijksterhuis *et al.*[33] introduzem uma perspectiva co-evolucionária para as novas formas organizacionais. A introdução dessa perspectiva depende de um processo de adaptação da empresa aos diversos cenários ambientais, como também destaca como a ação organizacional impacta o ambiente. A co-evolução é conseqüência dessa relação dialógica entre organização e ambiente, que objetiva a auto-renovação do sistema, dando-lhe um caráter adaptativo.

Kelly e Alisson assinalam que "evolução é a teoria que indica que sobreviverão aquelas espécies que forem mais capazes de se adaptar ao ambiente de rápidas mudanças."[34] Dessa noção familiar, afirmam as citadas autoras, a complexidade enfatiza a interação contínua entre os sistemas complexos, num processo dinâmico, em que um sistema afeta o outro de forma cíclica e não linear. Para dar conta dessa simultaneidade de interações, acarretando mudanças cada vez mais intensas e,

32 DIJKSTERHUIS *et al.*, 1999.
33 DIJKSTERHUIS *et al.*, 1999.
34 KELLY, S.; ALISSON, M. A. *The complexity advantage*: how the science of complexity can help your business achieve peak performance. Nova York: McGraw Hill, 1998, p. 16.

muitas vezes, imprevisíveis, foi acrescentada a partícula "co-" à palavra "evolução", permitindo assim que o conceito anterior fosse ampliado.

Uma maneira de compreender como o ambiente introduz uma nova forma de vislumbrar a prática gerencial pode ser ilustrada pela perspectiva co-evolucionária proposta por Dijksterhuis et al.[35], em que os autores destacam a existência de uma relação entre as lógicas administrativas, a macro co-evolução, a variação contextual e a micro co-evolução, como ilustra a figura abaixo.

FIGURA 2.3 – Estrutura co-evolucionária das novas formas organizacionais

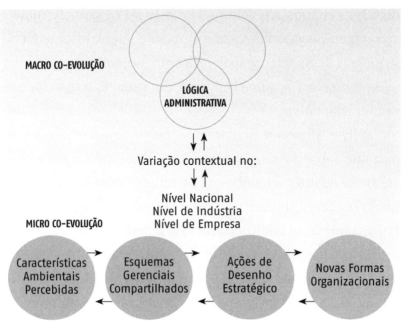

FONTE: DIJKSTERHUIS et al., 1999, p. 571.

35 DIJKSTERHUIS et al., 1999.

2.3.1 Macro co-evolução

A VARIAÇÃO CONTEXTUAL, intimamente vinculada ao ambiente externo, depende do maior aprofundamento nas bases conceituais das lógicas administrativas para caracterizar a macro co-evolução, uma vez que ilustra o processo de desenvolvimento sobre a teoria das organizações destacando o ambiente em que essas lógicas se desenvolveram. Nesse sentido, Dijksterhuis *et al.*[36] propõem três lógicas administrativas: a clássica, a moderna e a pós-industrial.

A *lógica administrativa clássica* tem seus fundamentos na racionalidade técnica e no sistema fechado e racional, ou seja, concebe a organização como um espaço de decisões técnicas e racionais cuja sobrevivência depende de fatores endógenos a ela própria. A essa lógica segue-se um período de transição com a vigência da chamada *lógica administrativa moderna*, com fundamentos fincados na racionalidade organizacional, no sistema aberto (admitindo a importação de energia). Sua abordagem organizacional baseava-se tanto no sistema racional como no sistema natural. Esse enfoque já considerava o ser humano um agente ativo nas relações intra-organizacionais, embora numa perspectiva bastante centrada no comportamento behaviorista.

A *lógica administrativa pós-industrial* ganhou força na última década do século XX, com uma clara orientação para a visualização do ser humano em sua dimensão integral e multidimensional. Seus fundamentos ancoram-se na racionalidade

---

36 DIJKSTERHUIS *et al.*, 1999.

substantiva[37], no sistema natural, e sua abordagem ambiental considera tanto o sistema fechado como o sistema aberto. Isso significa que as interações internas e externas entre os agentes geram modificações no todo da organização.

O gerente não deve considerar a lógica pós-industrial uma fórmula definitiva para o sucesso. Até porque a maioria das práticas administrativas demonstra que as organizações podem adotar, em geral, um *mix* das três lógicas, o que fornece estímulos valiosos para indicar as diferenças-chave entre as organizações.[38]

Um aspecto relevante inerente à lógica pós-industrial é que a organização é vista como um sistema natural, e o ambiente conturbado e incerto gerado pelas interações internas e externas pode indicar o surgimento de um sistema caótico. Segundo Lorenz, um sistema caótico "é aquele que é dependente de mudanças interiores nas condições iniciais."[39] Para o autor, apenas a sensibilidade às mudanças no ambiente externo não implica o caos. Sendo assim, essa nova lógica administrativa pode ser capaz de suportar a incerteza, a turbulência, a imprevisibilidade e o caos que atuam no nível endógeno e exógeno das organizações. Esses elementos parecem atuar como fatores de renovação e revitalização organizacional.

Além disso, a proposta da lógica pós-industrial encerra, em sua estrutura de referência, as condições necessárias e vitais para o processo de co-evolução dos agentes individuais e organizacionais. Isso significa dizer que a fronteira entre ordem e

37 RAMOS, A. G. *Administração e contexto brasileiro*. 2. ed. Rio de Janeiro: FGV, 1983.
38 DIJKSTERHUIS *et al.*, 1999.
39 LORENZ, E. N. *A essência do caos*. Brasília: UnB, 1996, p. 39.

caos, estabilidade e instabilidade, vida e morte, gera a tensão e o limite que propiciam a criatividade e o aprendizado individual e coletivo. A admissão da abordagem organizacional vista como sistema natural se configura, pois, como fonte co-evolucionária nata no *design* organizacional.[40]

2.3.2 Variação contextual

A SEGUNDA DIMENSÃO da estrutura co-evolucionária proposta por Dijksterhuis *et. al.*[41] envolve a **variação contextual**, que contempla o nível de indústria, o nível do país e os fatores específicos da empresa que determinam a tradução de uma lógica administrativa para os esquemas gerenciais compartilhados. Os autores ilustram, com vários exemplos, como os diversos princípios da administração agem de maneira distinta em organizações que atuam em países diferentes devido às particularidades culturais presentes no ambiente. Além disso, também se devem considerar suas *variáveis idiossincráticas,* que são determinantes para os esquemas gerenciais compartilhados. No nível de empresa, o *background* dos gerentes de topo é enfatizado. As atitudes sociais e psicológicas dos gerentes são consideradas fontes de variação no desenho organizacional, influenciando, dessa forma, a tomada de decisão. Outro aspecto que funciona como uma estrutura de referência na escolha do desenho é a história da empresa.

---

40 SILVA, A. B.; REBELO, L. M. B. A emergência do pensamento complexo nas organizações. *Revista de Administração Pública*, Rio de Janeiro, v. 37, n. 4, p. 777-96, jul.–ago. 2003.
41 DIJKSTERHUIS *et al.*, 1999.

2.3.3 Micro co-evolução

A MICRO CO-EVOLUÇÃO de novas formas organizacionais ocorre no ambiente interno ou no nível da empresa, no qual quatro elementos-chave são caracterizados por uma causalidade multidirecional que indica uma não-linearidade do processo de desenho estratégico. Os elementos são os seguintes:[42]

ⓐ CARACTERÍSTICAS AMBIENTAIS PERCEBIDAS. Estão relacionadas ao estado do ambiente como uma fonte primária de mudança nas formas organizacionais. Nesse processo existem duas fases de co-evolução nas respostas das empresas para mudanças em condições ambientais. Na primeira fase, rotulada de um período de incerteza *estocástica*, a adaptação incremental da forma de organização responde pela acomodação. Já na segunda fase, que compreende um momento de alta *velocidade e turbulência* do ambiente, muitas empresas são forçadas a se adaptar para sobreviver, o que pode resultar em novas formas organizacionais, caracterizadas por capacidades radicalmente novas de adaptação. Essa fase pode ser chamada de *caótica*.

ⓑ ESQUEMAS GERENCIAIS COMPARTILHADOS. São construídos socialmente por meio de um processo de intercâmbio em que as percepções são afirmadas, modificadas ou substituídas. Como esses esquemas apresentam-se pouco refletidos nas suposições básicas das ações administrativas, são considerados características idiossincráticas da organização, preservados e legitimados

---

42 DIJKSTERHUIS *et al.*, 1999, p. 575-7.

numa rede cultural de ações da organização em termos de rituais, mitos e símbolos.

c AÇÕES DE DESENHO ESTRATÉGICO. Funciona como um ponto de referência no estudo do papel dos esquemas gerenciais compartilhados, constituindo-se numa unidade-chave de análise. Como forma de caracterizar as ações de desenho estratégico, faz-se mister a conceitualização de nodos e ligações. Os *nodos* são os *atores organizacionais*, enquanto as *ligações* são definidas como os *processos de interação entre os atores*. Existem três dimensões de nodos e ligações. A primeira dimensão compreende o *número* de nodos (tamanho) e ligações (densidade), é relacionada com o número de agentes e o número de relações duradouras entre eles. A segunda dimensão corresponde à *posição* dos nodos e das ligações, refere-se à maneira como os agentes interagem, que é determinada pela alocação dos recursos e regras formais. E a terceira dimensão corresponde ao *conteúdo* relacionado às propriedades, às capacidades e atitudes dos atores, às propriedades das ligações, assim como à natureza, ao conteúdo e à direcionalidade e fluxo do conhecimento.

d NOVAS FORMAS ORGANIZACIONAIS. No modelo proposto, a co-evolução une as novas formas organizacionais voltadas para o ambiente, que são ativadas por percepções de mudança ambiental e por mudanças nos esquemas gerenciais compartilhados. Inovações radicais na forma de uma organização que alcance sucesso podem influenciar em novas práticas de outras organizações. Os processos co-evolucionários dos ambientes externo (macroevolução) e interno (microevolução) da organização são indissoluvelmente encadeados entre si.

Essa perspectiva co-evolucionária pode contribuir para um processo de adaptação da organização ao ambiente e pode ser considerada uma perspectiva complexa, uma vez que destaca a existência de um sistema legitimado entre agentes e populações e de um sistema sombra, além de ressaltar aspectos idiossincráticos do contexto e uma multidirecionalidade. Isso implica que o gerente não pode olhar uma parte e esquecer o todo.

2.4 Implicações do pensamento complexo na prática gerencial

A DIFUSÃO DO PENSAMENTO COMPLEXO na prática gerencial não exclui nem substitui outras perspectivas, mas insere um novo olhar sobre a ação gerencial e pode auxiliar a compreender fenômenos organizacionais de forma mais ampla. Esse olhar implica alguns desafios aos gerentes, como ilustra o quadro a seguir.

QUADRO 2.2 – Desafios à prática gerencial

Inserir uma perspectiva mais orgânica, sistêmica, não linear da realidade nos processos de gestão organizacional.

Desenvolver a sensibilidade para compreender que os efeitos provocados por um evento podem ter implicações em outros eventos.

Compreender como ocorre a interação entre os vários agentes, sejam eles pessoas ou organizações, e vislumbrar as organizações como Sistemas Adaptativos Complexos (SAC).

Entender que a realidade não é apenas construída socialmente, mas também pode ser reconstruída por meio da variedade dos agentes e das populações; da maneira como eles selecionam suas estratégias de ação e interagem nesse ambiente natural.

Perceber o ambiente de uma perspectiva co-evolucionária.

> **Compreender** que cada sistema é único e precisa ser analisado em sua singularidade.
>
> **Vislumbrar** as pessoas, como agentes que atuam no sistema, como multidimensionais, que têm vontades, desejos e participam ativamente da organização, mas também ocupam outros espaços sociais.

O primeiro desafio implica romper com a visão racional da realidade, presente em muitos processos gerenciais. O princípio do círculo recursivo de Morin[43], por exemplo, nos mostra que não existe uma relação linear entre causa e efeito, mas uma relação dialógica entre o produtor e o causador em busca da auto-organização em um sistema social.

A sensibilidade presente no segundo desafio está vinculada à percepção das relações entre os eventos, uma vez que eles trazem implicações para a organização que podem gerar ordem ou desordem, dependendo de como ocorre o fluxo de retroação (*feedback*). O pensamento complexo, assim, insere uma nova forma de vislumbrar os processos gerenciais.

Nesse processo, o conhecimento dos fundamentos da complexidade ajudará o gerente a incorporar esse novo olhar e mudar sua visão de mundo em torno das organizações, que são sistemas naturais e sociais que atuam em um ambiente marcado pela co-evolução.

Entender como ocorre a interação entre os vários agentes, sejam eles pessoas ou organizações, é outro desafio que indica a necessidade de perceber que o sistema interage por meio de

---

43 MORIN, E. O pensamento complexo, um pensamento que pensa. In: MORIN, E.; LE MOIGNE, J.-L. *A inteligência da complexidade*. 2. ed. São Paulo: Peirópolis, 2000, p. 198-213.

uma rede de relacionamentos em que os laços de *feedback* são responsáveis pelo pensar e repensar a sua ação gerencial. É nessa relação de troca que os *schemas* individuais são construídos e compartilhados, promovendo o surgimento de padrões que tornam o sistema único, adaptativo e complexo. Por isso, a necessidade de vislumbrar a organização como um SAC.

Entender como ocorre a geração de sentido (*sensemaking*) em um SAC parece ser uma forma de entender que a realidade não é apenas construída socialmente[44], mas também é reconstruída por meio da variedade dos agentes e das populações, da maneira como eles selecionam suas estratégias de ação e interagem nesse contexto natural e social. Os princípios da dialógica, da recursão e o hologramático[45] ajudam a compreender como ocorre o processo de interação entre os agentes e podem ser de grande valia para os gerentes compreenderem a complexidade da prática gerencial.

A utilização de uma perspectiva co-evolucionária como outro desafio é uma tentativa de mostrar que dentro de um sistema social as lógicas administrativas não são lineares nem pautadas no conceito de incomensurabilidade, em que uma lógica ataca e/ou exclui a outra. Muito pelo contrário, **a co-evolução revela que as organizações utilizam diversas lógicas em função da variação contextual e da sua natureza idiossincrática.** Nesse processo, o ser humano assume um papel fundamental e age de maneira consciente privilegiando, sem desconsiderar a racionalidade funcional, a racionalidade substantiva e a ética dos valores. Dessa assertiva,

---

44 BERGER, P. L.; LUCKMAN, T. *A construção social da realidade*. 20. ed. Petrópolis: Vozes, 1985.
45 MORIN, 2000.

emergem mais dois desafios ao gerente: a necessidade de compreender que cada sistema é único e precisa ser analisado em sua singularidade e que as pessoas, como agentes que atuam no sistema, são seres multidimensionais, que têm vontades, desejos e participam ativamente da organização, mas também ocupam outros espaços sociais (vida pessoal). Para Silva e Rebelo, "são as pessoas que importam (subjetividade) e não as organizações como seres inanimados (objetividade)"[46], pois são elas que dão vida ao sistema organizacional, que interagem e atribuem significado a todas as ações.

Pode-se fazer uma associação dessas considerações com um dos princípios da complexidade de Morin, o da reintrodução do conhecimento em todo conhecimento, que restaura o sujeito e insere a seguinte problemática: "da percepção à teoria científica, todo conhecimento é uma reconstrução/tradução por um espírito/cérebro numa cultura e num tempo determinado."[47] **As pessoas são os agentes de toda a produção do conhecimento e atuam em um espaço social, organizando e desorganizando o sistema por meio de uma dialógica que não pode dissociá-los do contexto, mas integrá-los como produtores, difusores e transformadores dessa realidade.** Esse é o grande papel dos gerentes no contexto das organizações no futuro: serem produtores, difusores e transformadores de um contexto social em que as relações entre os agentes, a capacidade de interação e de adaptação do sistema requerem um processo de aprendizagem capaz de contribuir para a sobrevivência e a co-evolução do sistema.

46 SILVA; REBELO, 2003, p. 790.
47 MORIN, 2000, p. 213.

No epicentro de toda a discussão em torno da inserção do pensamento complexo na prática gerencial, estão conceitos-chave como o dialógico, o recursivo e o *hologramático;*[48] de interação, variação e seleção;[49] de autonomia, cooperação, agregação e auto-organização;[50] de agentes com esquemas, redes auto-organizadas sustentadas pela importação de energia, co-evolução e recombinação e evolução dos agentes.[51]

Vale ressaltar que num Sistema Adaptativo Complexo há uma mudança na forma de explorar o ambiente (*exploitation* e *exploration*), que deixa de ser estocástica (foco no *exploitation*) e passa a ser caótica (foco no *exploration*).

O gerente assume um papel de "artista" que cria uma obra de arte de várias perspectivas, explorando-a sob diversos pontos de vista, em um cenário em que as partes e o todo formam uma rede de significados, com múltiplas interpretações. A geração de sentido (*sensemaking*) entra em cena como outro desafio aos gerentes e precisa ser aprofundada sobretudo por meio dos processos de aprendizagem.

A forma como os agentes se relacionam contribui para a geração de sentido, e entender esse processo requer um pensamento complexo, incluindo a variação, a interação e a seleção para indicar que o conhecimento ocorre por meio de práticas sociais complexas em que pessoas e grupos atribuem sentido às suas ações. Para Moss[52], a perspectiva de geração de sentido (*sensemaking*) envolve um *framework* de atividades que percebem

---

48 MORIN; LEMOIGNE, 2000.
49 AXELROD; COHEN, 2000.
50 AGOSTINHO, M. C. E. Administração complexa: revendo as bases científicas da administração. *RAE-eletrônica*, v. 2, n. 1, p. 1-18, jan.–jun. 2003.
51 ANDERSON, 1999.
52 MOSS, M. Sensemaking, complexity and organizational knowledge. *Knowledge and process management*, v. 8, n. 4, p. 217-32, 2001.

os fenômenos organizacionais como emergentes ou complexos, o que caracteriza os sistemas como adaptativos.

A introdução do pensamento complexo na prática gerencial gera ansiedade porque implica romper com os padrões de racionalidade e leva as pessoas a pensar de forma mais livre. Isso traz angústia porque nossos modelos mentais, ou nossos esquemas, nos levam a criar parâmetros racionais para estruturar o nosso pensamento e, conseqüentemente, delimitar as nossas escolhas. Stacey[53] nos mostra que os esquemas dominantes levam as pessoas a fazer pressuposições sobre o que elas não sabem e isso faz com que as ações sejam processadas de forma racional, o que contribui para que as pessoas se sintam inseguras porque consideram não ter informação suficiente sobre as conseqüências de suas ações, uma vez que seus modelos mentais estão acostumados a estabelecer relações de causalidade.

O que pode reduzir a sensação de ignorância ou insegurança é a busca de informação. Nessa perspectiva, o esquema dominante leva os gerentes a acreditar que a insegurança pode ser suplantada pelo investimento em pesquisa organizacional e a incompetência pode ser superada pelo investimento em desenvolvimento gerencial. Além disso, a noção de sistemas pode ser usada para prevenir comportamentos inadequados ou indesejados. O objetivo desses procedimentos é levar os gerentes a criar mecanismos para clarificar suas ações de modo a estabelecer probabilidades sobre os pressupostos que as fundamentam. A noção das conseqüências de suas ações pode auxiliá-los

---

53 STACEY, 1996.

a definir critérios para suas decisões e tornar o futuro menos desconhecido no presente.[54]

Para a complexidade, o futuro é verdadeiramente desconhecido. A noção de auto-organização entre as ações dos agentes faz emergir um cenário futuro mais criativo por meio desse processo emergente e interativo. Assim, devemos dar mais atenção aos meios do que aos fins. Na relação com nossos subordinados, por exemplo, não podemos afirmar: "Tenho certeza de que você fará um excelente trabalho"; melhor seria: "Tenho certeza de que vou me surpreender com o seu trabalho e conto com sua colaboração". **Um gerente deve se preocupar mais com o processo do que com o conteúdo da atividade gerencial. Isso é o que caracteriza a prática gerencial – o foco na ação.**

A complexidade não pretende trazer um novo conhecimento sobre a gestão organizacional, mas apresentar uma nova forma de pensar a ação gerencial, de maneira mais compreensiva e de um modo mais usual de dar sentido ao que os gerentes realmente fazem. A complexidade possibilita a criação de uma estrutura para a auto-reflexão organizacional, de modo que os gerentes possam refletir, na ação, sobre seus comportamentos, que são orientados por regras e amparados por um nível de compreensão. Autocompreensão depende de um processo de aprendizagem capaz de gerar novos conhecimentos.[55]

O pensamento complexo pode ajudar o gerente a encontrar uma nova maneira de gerenciar a organização, mediada pela reflexão na ação e pelo desenvolvimento de esquemas gerenciais que o possibilitem

54 STACEY, 1996.
55 STACEY, 1996.

aprender a pensar de forma complexa, com um estilo de gestão capaz de levar as pessoas a gerar resultados que contribuam para o processo de adaptação, utilizando a criatividade e considerando o papel das estratégias emergentes um meio de dialogar com a incerteza.

A abordagem dos Sistemas Adaptativos Complexos não é uma garantia para o sucesso, mas uma estrutura mais adequada para dar sentido a uma experiência, refletir sobre ela, e assim potencializar e delinear ações mais efetivas.[56]

O gerente deve criar um ambiente propício ao diálogo verdadeiro, visando ao engajamento das pessoas, não para estar no controle, mas para provocar e ser provocado, para aprender e contribuir para o aprendizado dos outros, mudar os seus esquemas, assim como mudar os esquemas dos outros.[57]

A aprendizagem pode ser um meio de tornar possíveis a inserção do pensamento complexo e o resgate da multidimensionalidade humana nas organizações. Vamos aprender juntos a repensar o nosso papel como agentes de transformação organizacional e social? A aprendizagem no contexto das organizações é o tema do nosso próximo capítulo.

56 STACEY, 1996, p. 281.
57 STACEY, 1996.

Capítulo 3

Aprendizagem organizacional e prática gerencial

MUITAS ORGANIZAÇÕES ESTÃO IMPLANTANDO SISTEMAS ORGANIZA-CIONAIS CAPAZES DE FOMENTAR A PRÁTICA DA APRENDIZAGEM NO AMBIENTE DE TRABALHO, PARTINDO DO PRINCÍPIO DE QUE ELAS SÃO SISTEMAS DE APRENDIZAGEM.[1] Esse processo se inicia no nível individual e passa pelo grupo até o nível da organização, institucionalizando novas práticas, sistemas ou processos. Mas esse aprendizado organizacional não ocorre de forma linear. Existe uma multidirecionalidade, e isso implica gerar aprendizado por meio do nível da organização, passando pelo nível de grupo até o nível individual.[2]

Tanto as organizações aprendem com as pessoas, como as pessoas aprendem com o conhecimento institucionalizado nas organizações.

---

1 NEVIS, E. C. *et al.* Understanding organizations as learning systems. *Sloan Management Review*, v. 36, n. 2, p. 73-85, inverno 1995.
2 CROSSAN, M. *et al.* Organizational learning: dimensions for a theory. *International Journal of Organizational Analysis*, v. 3, n. 4, p. 337-60, 1995.

Essa visão indica que as organizações podem ajudar as pessoas a aprender uma nova concepção sobre o seu trabalho e o seu papel no contexto organizacional. Só que para isso deve haver uma mudança de foco. Da competição, quando as pessoas competem umas com as outras, para a competência, por meio da qual unem esforços, trabalham em conjunto visando aprender novos conhecimentos, e habilidades, descobrindo formas inéditas de pensar a vida organizacional. A lógica da competência é uma forma de ratificar o discurso de que as pessoas são os principais agentes na busca do "sucesso organizacional". **O sucesso não é um fim em si, mas conseqüência da construção de esquemas compartilhados que sejam capazes de fomentar estratégias criativas e levem as pessoas a criar o ambiente propício para a aprendizagem.** O papel do gerente nesse processo é ser um facilitador do processo de aprendizagem, e isso implica levar as pessoas a refletir sobre suas experiências.

Parece que a aprendizagem se transforma em uma dimensão-chave na ação gerencial. Esse processo ocorreu com a mudança nos sistemas de pensamento originários nas décadas de 1980 e 1990. Bunning[3], ao apresentar um estudo sobre o prático reflexivo, utiliza um quadro elaborado pelo professor P. Checkland, de uma universidade inglesa, para ilustrar as diferenças entre abordagens de sistemas "hard" e abordagens de sistemas "soft", como demonstra o Quadro 3.1, a seguir.

---

3 BUNNING, C. R. The reflective practioner: a case study. *Journal of Management Development*, v. 11, n. 1, p. 25-38, 1992.

QUADRO 3.1 – Uma comparação entre os sistemas
de pensamento "hard" e "soft"

Os sistemas "hard" das décadas de 1950 e 1960	Os sistemas "soft" das décadas de 1980 e 1990
• Orientados para o estabelecimento de metas. • Supõem que o mundo contém sistemas que podem ser "planejados". • Consideram modelos sistêmicos como modelos do mundo (ontologias). • Falam a linguagem de "problemas" e "soluções". **Vantagens** • Permitem o uso de técnicas poderosas.	• Orientados para a aprendizagem. • Supõem que o mundo é problemático, mas pode ser explorado pelo uso de modelos sistêmicos. • Consideram modelos sistêmicos como constructos (epistemologias). • Falam a linguagem das "questões" e "acomodações". **Vantagens** • Estão disponíveis para os responsáveis pelos problemas e praticantes profissionais levam em consideração o conteúdo humano do problema nas situações.
Desvantagens • Podem precisar de praticantes profissionais. • Podem perder contato com aspectos além da lógica da situação-problema.	**Desvantagens** • Não produzem respostas finais. • Aceitam que a investigação não tem fim.

FONTE: BUNNING, 1992, p. 34.

O quadro procura ilustrar que a partir da década de 1980 iniciou-se um processo de mudança nos sistemas organizacionais, que passaram a vislumbrar a aprendizagem como uma orientação para suas ações, levando em conta aspectos como incerteza e investigação, além de considerar a construção de modelos como constructos inacabados. Nesse processo de transformação, o gerente também teve de desenvolver a capacidade de adaptação para enfrentar melhor as contingências ambientais. Bunning[4] fala de modelos sistêmicos para ilustrar que o mundo é problemático e essa visão implica uma nova forma de

4 BUNNING, 1992.

pensá-lo. No capítulo anterior, ampliamos essa discussão com a inserção do pensamento complexo como uma nova forma de experienciar a prática gerencial.

Um dos grandes desafios dos gerentes nas organizações é criar um ambiente favorável para a "construção" de um modelo de gestão que utilize a aprendizagem como fonte para a *renovação*[5] e *adaptação*. Para compreender o papel da aprendizagem na prática gerencial, temos de entender o surgimento da aprendizagem organizacional e descrever como ela ocorre nas organizações.

Vale ressaltar que o foco principal deste livro é o gerente, mas ele atua no contexto organizacional. Assim, **entender o processo de aprendizagem nas organizações pode ajudar os gerentes a compreender como eles aprendem, uma vez que as pessoas tanto podem ser consideradas a principal fonte do aprendizado nas organizações quanto as organizações podem ser fonte de aprendizado das pessoas.** Essa afirmativa pode ser ratificada por Kim.[6] Ele ressalta que "nós podemos pensar a aprendizagem organizacional como uma metáfora derivada de nossa compreensão da aprendizagem individual. De fato, as organizações aprendem via seus membros individuais."[7] Tamkin e Barber[8] também afirmam que muitos conceitos aplicados à aprendizagem individual têm sido adaptados para explicar a aprendizagem organizacional.

---

5 HURST, D. K. *Crise e renovação*: enfrentando o desafio da mudança organizacional. São Paulo: Futura, 1996.

6 KIM, D. H. The link between individual and organizational learning. *Sloan Management Review*, v. 35, n. 1, p. 37-50, 1995.

7 KIM, 1995, p. 37.

8 TAMKIN, P.; BARBER, L. Learning to manage. *Institute for Employment Studies Reports*, report 345, 1998, p.10.

Como veremos a seguir, essa perspectiva é uma das várias existentes no campo dos estudos envolvendo a aprendizagem organizacional, e merece destaque porque o foco deste livro é na aprendizagem de gerentes.

3.1 **As dimensões e o nível de aprendizagem nas organizações**

A APRENDIZAGEM TEM SIDO ESTUDADA de várias perspectivas, principalmente em função das disciplinas que abordam o tema, incluindo a Educação, a Psicologia, a Sociologia, a História e a Antropologia. Tais estudos têm fornecido teorias e conceitos que explicam a aprendizagem como um processo, uma necessidade para o conhecimento, uma expressão da personalidade ou estilo pessoal, uma faceta da cultura (individual e organizacional).[9] Pesquisadores e práticos procuram compreender como, por que, quando, onde e o que nós aprendemos, assim como seus efeitos em nós e em nossa aprendizagem.[10]

Segundo Starkey[11], a aprendizagem é vista como a chave para tornar as organizações mais democráticas, mais receptivas à mudança, e para criar organizações em que os indivíduos possam crescer e se desenvolver. Os primeiros estudos sobre aprendizagem organizacional datam da década de 1960[12], mas só a partir da última década do século XX as organizações passaram a considerá-la um "recurso" valioso no processo de transformação

---

9 Os Quadros 3.2 e 3.3, a seguir, ratificam essa afirmativa à luz de vários autores.
10 BROWN, R. B. Contemplating the emotional component of learning: the emotions and feelings involved when undertaking an MBA. *Management Learning*, v. 31, n. 3, p. 275-93, 2000.
11 STARKEY, K. What can we learn from the learning organization? *Human Relations*, v. 51, n. 4, p. 531-46, 1998.
12 Ver Quadro 3.2.

organizacional. Isso ocorreu porque a partir dessa década as organizações passaram a valorizar de forma mais intensiva o papel das pessoas na geração e no compartilhamento do conhecimento e como fonte para a sobrevivência organizacional.

Para compreender melhor a teoria e a prática da aprendizagem organizacional, os gerentes precisam se apropriar de alguns conceitos e algumas disciplinas que a compõem. **Não podemos utilizar a aprendizagem em nosso discurso gerencial sem compreender os fundamentos que sustentam esse construto no campo das organizações. Um gerente não sobrevive de discurso evasivo, mas se desenvolve pela mobilização do conhecimento em determinado contexto profissional.**

Os conceitos de aprendizagem organizacional compreendem uma larga amplitude de diferenciação entre os autores de abordagens distintas. Alguns focalizam a relação entre aprendizagem individual e organizacional.[13] Outros, como Simon[14], por exemplo, situam a aprendizagem organizacional como um processo em que os *insights* e as reestruturações bem-sucedidas dos problemas organizacionais pelos indivíduos refletem nos resultados da organização. Há, ainda, os que postulam que a aprendizagem envolve um processo de aperfeiçoamento das ações, por meio de melhor conhecimento e compreensão.[15]

A aprendizagem organizacional também é associada a um processo de adaptação ao ambiente em busca da sobrevivência[16];

---

13 KIM, 1995; ARGYRIS, C.; SCHON, D. A. *Theory in practice*: increasing professional effectiveness. San Francisco: Jossey-Bass Publishers, 1974.

14 SIMON *apud* FIOL, C. M.; LYLES, M. A. Organizational learning. *Academy of Management Review*, v. 10, n. 4, p. 803-13, 1985.

15 FIOL; LYLES, 1985.

16 MCGEE, J.; PRUSAK, L. *Gerenciamento estratégico da informação*: aumente a competitividade e a eficiência de sua empresa utilizando a informação como uma ferramenta estratégica. Rio de Janeiro: Campus, 1994.

à institucionalização de rotinas, procedimentos, estruturas, sistemas de informações, artefatos organizacionais, elementos simbólicos, missão e estratégias.[17] Alguns pesquisadores também abordam a aprendizagem como a capacidade de manter ou melhorar a *performance* baseada na experiência.[18]

Diante da diversidade de abordagens sobre o fenômeno, Fiol e Lyles[19] avaliaram a literatura da administração estratégica e constataram que, embora exista uma aceitação da noção de aprendizagem organizacional e sua importância na *performance* estratégica, nenhum modelo de aprendizagem organizacional é amplamente aceito. Cada autor apresenta abordagens de diferentes perspectivas, o que contribui para tornar a questão mais divergente.

Essa conclusão também foi tirada por Crossan *et al.*[20], que analisaram mais de cem artigos sobre o tema e sugerem existir variância em torno de três dimensões-chave:

- **a** a unidade de análise individual, grupal, organizacional e interorganizacional;
- **b** a relação entre cognição e comportamento, que está vinculada à ligação entre conhecimento, compreensão, ação e aprendizagem;
- **c** a conexão entre aprendizagem e desempenho.

---

17 HUBER, G. Organizational learning: the contributing processes and the literatures. *Organizational Science*, v. 2, n. 1, p. 88-115, 1991.
18 NEVIS *et al.*, 1995.
19 FIOL; LYLES, 1985, p. 803.
20 CROSSAN *et al.*, 1995.

O Quadro 3.2 procura mostrar essa relação, considerada conflitante na visão de alguns autores. Para compreender melhor cada dimensão-chave, vale salientar que as letras (maiúsculas e minúsculas) que estão entre parênteses se referem à intensidade e relação na visão de cada autor. Por exemplo, Garvin[21] afirma que a aprendizagem ocorre nos níveis do indivíduo e do grupo, com uma maior intensidade/domínio no indivíduo (I-o); quanto à orientação, a ênfase maior é no comportamento (c-CT). No que se refere à conexão entre aprendizagem e desempenho, alguns autores não conseguiram identificar se essa relação é direta ou indireta. Esse fato é ilustrado por uma interrogação.

QUADRO 3.2 – Dimensões da aprendizagem organizacional na visão de alguns autores

AUTOR	NÍVEL Indivíduo (I, i) Grupo (G, g) Organização (O, o)	ORIENTAÇÃO Cognição (C, c) Comportamento (CT, ct)	CONEXÃO ENTRE Aprendizagem e Desempenho (A, D) Indireta (A, D) Direta (A, D)
GARVIN (1993)	I-o Sugere que as organizações aprendem, mas define cinco atividades das organizações de aprendizagem que são principalmente individuais.	c-CT Indica que as idéias são essenciais para que a aprendizagem aconteça, mas sem mudanças no comportamento, existindo apenas o potencial para o progresso.	Direta (A-D) Propõe medidas para a aprendizagem organizacional por meio de um balanço de mudanças cognitivas, comportamentais e desempenho.

---

21 GARVIN, D. Building a Learning Organization. *Harvard Business Review*, v. 71, n. 4, p. 78-91, 1993.

APRENDIZAGEM ORGANIZACIONAL E PRÁTICA GERENCIAL

PARKE (1991)	**Inter-O** A concepção no nível organizacional aplicado para alianças estratégicas globais.	**C** Usa a definição de Fiol e Lyles (p. 106). Os graus da aprendizagem (menor, moderado e maior) são adicionados. Os dois últimos correspondem aos modelos de "aprendizado de laço simples" (*single-loop*) e "aprendizado de laço duplo" (*double-loop*) de Argyris.	**?** A duração das alianças depende das diversidades interorganizacionais. Similaridades requerem uma aprendizagem menor (laço simples); diferenças requerem uma maior aprendizagem (laço duplo).
HUBER (1991)	**i-g-O** Uma perspectiva de processamento de informações que pode ser aplicada ao indivíduo, ao grupo, à organização, à indústria ou a níveis de análise da sociedade. Focaliza a interpretação individual, mas a relaciona a um nível organizacional.	**C-ct** Uma perspectiva individual que o autor especificadamente contrasta com a perspectiva cognitiva: "Uma entidade aprende se, por meio de um processo de informação, a cadeia desse comportamento potencial é mudada". As mudanças que resultam da aprendizagem não precisam ser visivelmente comportamentais.	**Indireta (A-D)** "A aprendizagem não tem de ser consciente ou intencional. A aprendizagem nem sempre aumenta a eficácia ou o potencial eficaz. As entidades podem incorretamente aprender e aprender corretamente coisas que são incorretas."
SENGE (1990)	**I-g** A sua abordagem é individual (líderes e pessoas). "Os líderes na aprendizagem das organizações são essenciais para construir organizações em que pessoas estão continuamente expandindo suas capacidades para determinar seu futuro." O líder é um *designer*, um professor e um guia-potencializador. Os times da organização são submetidos a ele.	**C-ct** A aprendizagem organizacional adapta efetivamente para a mudança ambiental (reproduz), mas também se empenha na aprendizagem criativa relacionada com a expansão de capacidades. Existe um forte elemento cognitivo na criação de visões compartilhadas e na verificação de modelos mentais.	**Indireta (A-D)** O desempenho depende de uma aprendizagem superior.

STATA (1989)	**G-o** A aprendizagem organizacional difere da aprendizagem individual e ocorre por meio de percepções compartilhadas, conhecimento e modelos mentais. Ela depende de mecanismos institucionais para prover memória tão bem como as memórias individuais.	**c-CT** Embora exista um elemento cognitivo (crenças compartilhadas, mapas mentais), a ênfase é no comportamento: mudança, melhoria da qualidade e inovação.	**Direta (A-D)** A aprendizagem resulta na administração da inovação e no crescimento da competitividade, e pode ser a única forma de sustentabilidade da vantagem competitiva.
LEVITT & MARCH (1988)	**0** As organizações aprendem pela codificação de inferências da história em rotinas que guiam o comportamento. Rotinas incluem formas, regras, procedimentos, convenções, estratégias e tecnologias.	**C-ct** Cognitivamente se concentra em uma ênfase na codificação da aprendizagem em rotinas que guiam o comportamento. Problemas no processo de aprendizagem resultam da "inadequação dos hábitos cognitivos humanos", assim como das características organizacionais.	**Indireta (A-D)** "A aprendizagem nem sempre conduz ao comportamento inteligente." Existem também as armadilhas da competência, a aprendizagem supersticiosa e as inferências errôneas.
FIOL & LYLES (1985)	**i-0** A aprendizagem organizacional não é simplesmente a soma de cada membro da aprendizagem. As organizações desenvolvem e montam sistemas de aprendizagem, e esta é influenciada por fatores contextuais, tais como cultura organizacional, estratégia, estrutura e sistemas. O nível grupal da aprendizagem não é abordado.	**C-ct** A aprendizagem (cognição) é distinguida da adaptação (comportamento). A aprendizagem é "o desenvolvimento de percepções (*insights*), conhecimentos e associações entre ações passadas, a eficácia daquelas ações e as ações futuras." A adaptação é "a habilidade para incrementar as mudanças nas metas estruturais ou outras mudanças."	**Direta (A-D) mais baixa. Indireta (A-D) mais alta.** O mais baixo nível de aprendizagem (não se referindo ao nível da organização) é desempenhado (e comportamentalmente) orientado. O mais alto nível de aprendizagem ajusta-se totalmente a regras e normas, até certo ponto mais a atividades ou comportamentos (e é mais cognitivamente orientado).

HERRIOTT, LEVINTHAL & MARCH (1985)	**I** O nível individual de análise usa modelos de aprendizagem experimental.	**CT** A aprendizagem experimental é uma forma de inteligência adaptativa, e os autores têm modelado uma coleção das observações comportamentais.	**Direta (A–D)** A inteligência adaptativa pode melhorar o desenvolvimento humano.
DAFT & WEICK (1984)	**i–g–o** Os indivíduos cumprem um processo de interpretação. Indivíduos vêm e vão, mas as organizações preservam o conhecimento, os comportamentos, os mapas mentais, as normas e os valores ao longo do tempo. A característica diferencial da organização no nível de atividade de informação é a participação.	**c–CT** A aprendizagem é uma ação. A interpretação é semelhante a aprender uma nova habilidade. Embora exista uma forte ênfase no comportamento/ação, existe um elemento cognitivo pesado para os vários modos de interpretação.	**?** A interpretação é um processo necessário na formulação de respostas para problemas e oportunidade no ambiente.
SHRIVASTAVA (1983)	**i–O** "A aprendizagem organizacional é um processo organizacional melhor do que um processo individual." Embora seja declarado que a aprendizagem participa de vários níveis e os indivíduos são seus agentes, a ênfase é nos sistemas de aprendizagem no nível organizacional.	**c–CT** A orientação comportamental é de que as organizações aprendem da experiência, adaptam suas metas, buscam soluções para problemas. A aprendizagem envolve "mudanças fundamentais nas teorias em uso [...] e uma reorientação da visão de mundo de importantes tomadores de decisões", mas a dimensão cognitiva não é desenvolvida.	**Direta (A–D)** O resultado da aprendizagem organizacional é um sistema integrado de heurísticas de ação–resultado.

DUNCAN & WEISS (1979)	**G-O** A aprendizagem organizacional é definida como diferente da aprendizagem individual. É um processo organizacional que ocorre no topo da organização em que a coalizão dominante adquire conhecimento sobre relacionamentos entre ações–resultados.	**C-CT** A ênfase é principalmente no comportamento e na ação, embora eles reconheçam um elemento paradigmático (conjunto de crenças) para a aprendizagem organizacional.	**Direta (A-D)** A aprendizagem organizacional está preocupada com o crescimento e a mudança do conhecimento organizacional para melhorar a ação organizacional, a eficácia e os resultados.
ARGYRIS (1967, 1976, 1977)	**I-g-o** As organizações aprendem por meio da ação dos indivíduos como seus agentes. Entretanto, grupos, times e organizações são facilitadores ou inibidores da aprendizagem.	**C-CT** A aprendizagem é a detecção do erro (cognição) e correção (comportamento). A aprendizagem *single-loop* é a aprendizagem dentro de uma estrutura de referência ou paradigma, e a aprendizagem *double-loop* é a aprendizagem de uma nova estrutura de referência ou paradigma.	**Indireta (A-D)** O desempenho é o resultado da educação/ aprendizagem. Esta pode ser efetiva ou inefetiva, dependendo da teoria de ação (*single* ou *double-loop*).
MARCH & OLSEN (1975)	**I-o** "As organizações e as pessoas aprendem pela experiência. "O foco é nos participantes organizacionais" (indivíduo) como resolvedores de problemas ou tomadores de decisões. Existe uma ligação direta entre o indivíduo e a organização, com nenhuma referência para os grupos.	**C-ct** As limitações cognitivas da racionalidade têm sido bem documentadas. Os autores estimam as limitações cognitivas na aprendizagem da experiência. As operações cognitivas são percebidas como afetuosas e de confiança. A cognição influencia o comportamento futuro, mas o comportamento passado (experiência) influencia a cognição.	**Indireta (A-D)** A aprendizagem é ativa, observa as conseqüências, faz inferências e desenha implicações para as ações futuras. As organizações podem melhorar por meio da aprendizagem. Nem toda a aprendizagem é positiva, e existem disfunções tais como a "aprendizagem supersticiosa".

	i-g-O A aprendizagem organizacional deve ser observada como uma série de interações entre adaptação para o nível individual ou subgrupal e adaptação para o nível organizacional. Existe mais ênfase nos níveis grupal e organizacional do que no individual.	c-CT A aprendizagem é a adaptação ou a mudança de comportamento. Mudanças no comportamento demonstram que uma organização tem aprendido. A cognição poderia contribuir para elevar o estresse, que motiva o comportamento, mas não é especificado ou enfatizado.	Direta (A-D) A aprendizagem aumenta o desempenho para reduzir divergências e conflitos em metas e em resultados da atividade.
CANGELOSI & DILL (1965)			

FONTE: ADAPTADO DE CROSSAN, M. *et al.* Organizational learning: dimensions for a theory. *International journal of organizational analysis*, v. 3, n. 4, p. 337-60, 1995.

O quadro indica que existem várias perspectivas para a aprendizagem organizacional, o que requer dos interessados em desenvolver um estudo relacionado ao tema ou em aplicá-lo no contexto da prática gerencial uma maior compreensão sobre o nível, o escopo e a orientação da análise. Um exercício interessante é procurar fazer associações entre as perspectivas dos vários autores. Isso ajudará a compreender as diversas formas de pensar a aprendizagem nas organizações. Neste livro também vamos discutir abordagens que não foram consideradas na orientação para a aprendizagem, como a aprendizagem social.

Na visão de quase todos os autores apresentados no quadro, o nível individual está presente, destacando que as pessoas são agentes diretos ou indiretos no processo de aprendizagem. A passagem do nível individual para o de grupo é essencial para a compreensão do processo de aprendizagem, como veremos na próxima seção. Os grupos não são apenas o elo entre os níveis individual e organizacional, são fundamentais para a aprendizagem nas organizações porque fomentam a criação de uma visão compartilhada, que orienta o comportamento e delimita as ações das pessoas em um sistema social. É no grupo que a visão de mundo das pessoas é compartilhada, mediada e influenciada. Além disso, o grupo pode fornecer apoio emocional à aprendizagem individual.[22]

O grupo também pode contribuir para a geração de novos significados, a partir do momento que o ambiente propicia a abertura para geração de idéias, para inovação e criatividade. O contexto social, nesse sentido, tem um papel determinante e por isso não podemos relegar o papel dos elementos do sistema organizacional, tais como cultura, estrutura, tecnologia e processos gerenciais. Essas variáveis do sistema organizacional indicam a relevância da aprendizagem no nível organizacional, o local em que pessoas e grupos interagem, por meio de relacionamentos, de uma arquitetura de informação e de um conjunto de normas e procedimentos, além de um sistema de autoridade. O nível organizacional contribui decisivamente para os processos de aprendizagem porque delimita a maneira como os agentes adquirem conhecimentos, se comportam e agem. **O que e como as pessoas aprendem, seja no nível individual ou de grupo, sofrem a influência do modelo de gestão da organização.**

Assim, a difusão da aprendizagem no contexto da organização é complexa porque demanda a necessidade de um processo de mudança ou renovação no sistema organizacional, uma vez

---

22 PAWLOWSKY, P. The treatment of organizational learning in management science. In: DIERKES, M. *et al. Handbook of organizational learning and knowledge.* Nova York: Oxford University Press, 2001, p. 61-88.

que existem fatores organizacionais que influenciam a aprendizagem, como veremos na Seção 3.3.

Além dos níveis individual, de grupo e organizacional, a aprendizagem também ocorre entre as organizações. Essa abordagem merece atenção porque atualmente as organizações estão buscando formar alianças estratégicas. Para Doz e Hamel "as alianças bem-sucedidas passam por ciclos de aprendizagem, reavaliação e reajustes ao longo do tempo."[23] Na percepção desses autores, na formação de uma aliança os parceiros precisam aprender em "cinco 'áreas determinantes': o ambiente em que a aliança irá operar; as tarefas a ser desempenhadas; o processo de colaboração; as habilidades dos parceiros; suas metas pretendidas e emergentes".[24] Essas considerações ratificam que **a aprendizagem interorganizacional mantém estreita relação com os outros níveis de aprendizagem, e isso torna essa dimensão de aprendizagem também complexa porque vincula o bom desempenho da aliança ao nível de aprendizagem de cada parceiro sobre outro.** É a aprendizagem conjunta dos parceiros que garantirá o sucesso da aliança.

As redes interorganizacionais surgem como uma alternativa para tornar as empresas mais competitivas, mas enfrentam uma série de desafios. Um deles, segundo Quinn *et al.*[25], é a integração de várias formas de organização em um todo coerente. A busca dessa unicidade não é uma tarefa fácil, sobretudo em

---

23 DOZ, Y. L.; HAMEL, G. *A vantagem das alianças*: a arte de criar valor através de parcerias. Rio de Janeiro: Qualitymark, 2000, p. 162.
24 DOZ; HAMEL, 2000, p. 164.
25 QUINN, J. B. *et al.* Novas formas de organização. In: MINTZBERG, H.; QUINN, J. B. (orgs.). *O processo de estratégia*. 3. ed. Porto Alegre: Bookman, 2001, p. 157-67.

uma rede na qual cada empresa participante exerce uma ou mais atividades da cadeia de valor. "A organização em rede não é uma forma única de organização, mas abrange uma complexa variedade de formas fundamentalmente diferentes de se organizar."[26] Isso indica que as redes são formas de organizar e não de organização.

O grande desafio da aprendizagem interorganizacional é criar uma visão compartilhada entre pessoas e grupos de empresas diferentes, com culturas diferentes, mas com propósitos compartilhados. Pawlowsky[27] destaca que a aprendizagem em rede ou interorganizacional vem merecendo muita atenção, sobretudo na busca da compreensão de como sistemas de conhecimento externos podem ser usados no apoio à aprendizagem. O grande desafio na aprendizagem interorganizacional é formar redes de relacionamentos entre empresas que contribuam para a geração de novos conhecimentos, para a mudança de comportamentos e para a difusão de práticas organizacionais capazes de fomentar um processo de revitalização de padrões culturais, como artefatos, valores e atitudes. Isso implica criar um círculo virtuoso entre os vários níveis de aprendizagem, que não devem ser abordados, no contexto atual, de forma segmentada, mas sim integrada.

No que se refere à orientação da aprendizagem, além das abordagens cognitiva e comportamental, podemos citar as abordagens cultural e da aprendizagem na ação. A abordagem cultural mantém uma ligação com o comportamento humano,

26 QUINN, 2001, p. 160.
27 PAWLOWSKY, 2001.

uma vez que focaliza a geração de significados intersubjetivos por meio de artefatos, valores, crenças e emoções. A cultura é resultado de uma visão compartilhada por um grupo, e isso caracteriza a sua ênfase no nível coletivo da aprendizagem, o que permite a construção coletiva da realidade social. Já a abordagem da aprendizagem na ação parte do princípio de que a aprendizagem ocorre por um processo de reflexão em ação. A preocupação dessa abordagem não é apenas com um processo cognitivo de memorização, mas de compreensão e de atribuição de significado. Para isso, é necessário que as pessoas reflitam sobre suas experiências no contexto da ação profissional. No próximo capítulo, aprofundaremos a discussão sobre a aprendizagem na ação no contexto da prática gerencial.

Pawlowsky[28], ao discutir várias perspectivas para a aprendizagem organizacional, considera que essas abordagens não podem ser enfocadas de forma fragmentada, mas integrada, uma vez que correspondem a três instâncias da condição humana: conhecimento, sentimento e ação. Esses três componentes devem ser considerados de forma complementar para a promoção da aprendizagem organizacional. Nesse sentido, ele considera relevante o gerenciamento da aprendizagem para compreendê-la não apenas como uma questão de aprendizagem cognitiva, mas também de valores, emoções e comportamentos.

Essa perspectiva sobre a aprendizagem é relevante nas organizações porque leva os gerentes a se conscientizar de que não adianta promover um programa de treinamento, por

28 PAWLOWSKY, 2001.

exemplo, que possa ajudar a mudar as perspectivas de significado, se aspectos da cultura organizacional como os artefatos, os valores e as crenças não forem revitalizados. Além disso, **não se pode pensar em promover o desenvolvimento de novos conhecimentos se, na ação profissional, aspectos como o medo, a inveja e as relações de poder, por exemplo, não forem considerados, pois o comportamento das pessoas também sofre a influência do contexto.** Toda mudança leva as pessoas a se sentir inseguras, e isso é natural até que aconteça um processo de aprendizagem, que não é mediado apenas pela cognição, mas pelo comportamento e pela cultura. Além disso, o contexto social também exerce papel determinante nesse processo, como veremos no Capítulo 6.

O desenvolvimento de estudos sobre um tema que apresenta grande variedade de abordagens é fundamental para ajudar pesquisadores e gestores na proposição de teorias e métodos que auxiliem as organizações a aprimorar seus modelos de gestão e fomentem a difusão de práticas gerenciais e operacionais propiciadoras de geração e difusão de conhecimentos.

Essa mudança nas práticas gerenciais suscita a introdução da participação e da valorização das pessoas como agentes de transformação e renovação organizacional, desencadeando mudanças em variáveis-chave do sistema organizacional, tais como estrutura, cultura, processos gerenciais e tecnologia. Isso possibilita rever a forma como a organização interage com o ambiente, que deixa de ser pautada numa visão evolutiva e passa para uma perspectiva co-evolutiva, como vimos no capítulo anterior.

Para entender melhor a aprendizagem organizacional, Easterby-Smith[29] apresentou algumas perspectivas, que não são as únicas relacionadas com o tema, mas podem contribuir para sua compreensão. O Quadro 3.3, a seguir, apresenta aspectos que envolvem algumas áreas das ciências sociais aplicadas que contribuíram para o avanço dos estudos sobre o tema.

QUADRO 3.3 – Disciplinas da aprendizagem organizacional

PERSPECTIVAS	ABORDAGEM	CONTRIBUIÇÕES E IDÉIAS	PROBLEMÁTICAS
Psicologia e Desenvolvimento Organizacional	Desenvolvimento humano	Organização hierárquica; importância do contexto; cognição; valores subjacentes; estilos de aprendizagem; diálogo.	Rotinas defensivas; transferência do nível individual para o coletivo.
Ciência administrativa	Processo de informação	Conhecimento; memória; holismo; correção do erro; informação.	Comportamento irracional; sobrecarga de informação; não-aprendizagem.
Sociologia e teoria organizacional	Estruturas sociais	Efeitos da estrutura de poder e hierarquia; o conflito é normal; ideologia e retórica; interesses dos atores.	Conflitos de interesses; políticas organizacionais.
Perspectiva estratégica	Competitividade	Interface entre organização–ambiente; níveis da aprendizagem progressivamente mais desagradáveis; redes; importância da experiência direta; nível de aprendizagem da população.	Alinhamento ambiental; pressão competitiva; aprendizagem geral × técnica.

29 EASTERBY-SMITH, M. Disciplines of organizational learning: contributions and critiques. *Human Relations*, v. 50, n. 9, p. 1085-113, 1997.

		Importância da produtividade; curvas de aprendizagem; forças endógenas e exógenas da aprendizagem; elos para o desenho da produção.	Limitações da mensuração unidimensional; incerteza sobre os resultados.
Administração da produção	Eficiência		
Antropologia cultural	Sistemas de significados	A cultura como causa e efeito da aprendizagem organizacional; crenças; superioridade do potencial cultural.	Instabilidade e relatividade da cultura como barreira para transferência de idéias; qual a perspectiva dominante?

FONTE: EASTERBY-SMITH, 1997, p. 1087.

No campo da pesquisa, essas perspectivas podem auxiliar na delimitação da visão de mundo do pesquisador, das estratégias e métodos utilizados por ele no desenvolvimento de seu trabalho. No campo da prática gerencial, essas perspectivas oferecem uma oportunidade para os gerentes compreenderem que a aprendizagem está presente no comportamento, na formulação da estratégia, na atividade produtiva, na cultura e também na ação gerencial.

A aprendizagem organizacional também contribui para o alcance e o melhoramento da qualidade do conhecimento nas relações entre *inputs, outputs,* e suas implicações na relação com o ambiente. Em vez de ser devidamente considerado organizacional, o conhecimento produzido pela aprendizagem deve ser comunicável, consensual e integrado na organização. Em vez de adquirir o conhecimento fundamental, a organização deve institucionalizar o processo, criando sistemas de aprendizagem peculiares, cuja tarefa principal é prover os gerentes com informações sobre as mudanças necessárias para a empresa.[30] Apesar de essa perspectiva considerar a organização o principal recurso para a aprendizagem, ela destaca a importância da institucionalização de um processo de aprendizagem. Esse processo, como veremos a seguir, não reside apenas na organização, mas é fruto de uma interação em que indivíduo, grupo e organização exercem papéis distintos, mas complementares, o que propicia um sistema de aprendizagem peculiar a cada uma das empresas.

> O nível de complexidade aumenta tremendamente quando deixamos de considerar um simples indivíduo e passamos a considerar uma grande coleção de indivíduos diversos. Questões de motivação e recompensa, que integram a aprendizagem humana, tornam-se duplamente complicadas dentro das organizações. Embora o significado do termo "aprendizagem" permaneça o mesmo do nível individual, o processo de aprendizagem é fundamentalmente diferente no nível organizacional.[31]

Essa diferença ocorre porque as pessoas, individualmente, podem aprender de modo diferente, mas quando se considera o grupo devem-se criar mecanismos capazes de levá-los a aprender de forma coletiva, fomentando a geração de esquemas compartilhados. **Nas organizações existem processos formais e informais e estruturas para aquisição, compartilhamento e utilização**

---

30 DUNCAN; WEISS *apud* NICOLINI, D.; MEZNAR, M. B. The social construction of organizational learning: conceptual and practical issues in the field. *Human Relations*, v. 48, n. 7, p. 727-46, 1995.
31 KIM, 1995, p. 40.

de conhecimentos e habilidades. Em seguida, procuramos abordar a aprendizagem como um processo.

3.2 Aprendizagem organizacional como processo

NÃO PODEMOS AFIRMAR que a aprendizagem nas organizações seja apenas o resultado da aprendizagem das pessoas. As organizações não têm cérebro, mas têm sistemas cognitivos e memórias institucionalizadas em processos ou sistemas de gestão que formam uma ideologia. As pessoas entram e saem das organizações, os gerentes mudam, mas a memória organizacional preserva alguns comportamentos, mapas mentais, normas e valores ao longo do tempo.[32] Por outro lado, muitas organizações encontram dificuldades para preservar parte da sua memória organizacional porque não conseguem implantar um modelo de gestão capaz de integrar práticas operacionais e gerenciais difundidas pelas pessoas individualmente, sem nenhuma integração e institucionalização. Caso uma pessoa saia da organização ou por algum motivo falte ao trabalho, seu conhecimento estará acumulado em sua memória individual, o que dificulta a difusão do conhecimento na organização. Isso ocorre porque não existe um processo de aprendizagem organizacional efetivamente difundido no contexto das empresas. Para evitar que isso aconteça, os gerentes devem implantar um processo de aprendizagem, utilizando ou não a tecnologia da informação como suporte à criação de um sistema organizacional propício à aprendizagem.

---

32 HEDBERG *apud* FIOL; LYLES, 1985.

Huber[33] descreve os seguintes processos que contribuem para a aprendizagem organizacional:

ⓐ A AQUISIÇÃO DE CONHECIMENTO: a aprendizagem ocorre quando uma organização adquire conhecimento. A aquisição de conhecimento por meio de fatos e informações é obtida pelo monitoramento do ambiente, usando os sistemas de informação para armazenar e recuperar informação, cumprindo a investigação e o desenvolvimento, a educação e o treinamento. A aprendizagem ocorre não apenas devido à aquisição de conhecimento de fora da organização, mas também devido à reorganização do conhecimento existente, à revisão das estruturas de conhecimento e à construção e revisão de teorias.

ⓑ A DISTRIBUIÇÃO DE INFORMAÇÃO: refere-se ao processo pelo qual uma organização compartilha informação com suas unidades e seus membros, por meio da promoção da aprendizagem e produção ou compreensão de novo conhecimento. Os conhecimentos, na forma de *know-how* tácito, cartas, memorandos, conversações informais, são capturados e distribuídos. Grande parte da aprendizagem e inovação ocorre em *comunidades de prática* informais. Muito freqüentemente, a aprendizagem em uma organização ocorre por meio de pessoas que compartilham histórias e anedotas da prática atual de trabalho como contradição ao que é mencionado nas descrições do trabalho formal ou manual de procedimentos. A maior divisão ou distribuição de informação leva a uma maior aprendizagem organizacional.

33 HUBER, 1991.

c A INTERPRETAÇÃO DA INFORMAÇÃO: para a informação ser partilhada, ela deve ser interpretada. Interpretação é o processo pelo qual a informação é distribuída e compreendida. Indivíduos e grupos têm seus sistemas de crenças, e a maneira como interpretam os fenômenos possibilita a atribuição de significado. Esses sistemas de crenças são armazenados como uma regra base ou um perfil que é automaticamente aplicado a alguma informação que entra para formar um conhecimento significativo que pode ser armazenado. A interação entre modelos mentais e interpretação é crítica para compreender como as organizações aprendem. Uma maior aprendizagem ocorre quando são desenvolvidas muitas interpretações.

d A MEMÓRIA ORGANIZACIONAL: refere-se ao "depósito" em que o conhecimento é armazenado para ser usado futuramente. Também é definida como "conhecimento incorporado". As informações armazenadas podem ser resgatadas e interpretadas em forma de conhecimento tácito, experiências, listas de contatos, histórias etc. A memória organizacional tem um papel crítico na aprendizagem. O maior desafio das organizações é interpretar as informações e criar uma memória organizacional que seja de fácil acesso.

Starkey[34] afirma que o ciclo da aprendizagem organizacional é composto dos seguintes estágios:

---

34 STARKEY, 1998.

a geração e difusão da aprendizagem, que abrange a coleta de dados externos e o desenvolvimento interno de novas idéias, incluindo idéias relativas aos processos e produtos;

b integração de novas informações no contexto organizacional para que a organização conheça todo o seu sistema;

c interpretação coletiva compartilhada das informações;

d introdução de novas perspectivas, por meio das tendências correntes, para a aprendizagem organizacional.

Tanto no circuito descrito por Huber[35], como na proposição de Starkey[36], a aprendizagem tem início na aquisição do conhecimento, passa pelo compartilhamento e termina na exploração da memória organizacional. Em ambos os sistemas, a aprendizagem parte do indivíduo rumo à organização, de forma cíclica. O modelo de Starkey[37] diferencia-se, entretanto, pela preocupação em incorporar não apenas o novo conhecimento, mas a metodologia de aprendizagem, o *como aprender.*[38]

Muitas organizações têm dificuldade para difundir a memória organizacional, o que pode comprometer o desenvolvimento de atividades e até o processo de resolução de problemas, e assim dificultar a inovação e a criatividade das pessoas. Um gerente, independentemente de sua área de atuação, do porte da empresa ou do setor de atividade, pode utilizar os processos de aprendizagem de

---

35 HUBER, 1991.
36 STARKEY, 1998.
37 STARKEY, 1998.
38 SILVA, A. B.; GODOI, C. K. O processo de aprendizagem como balizador para o desenvolvimento de um modelo de competências para uma empresa do setor elétrico. In: *Anais do XXVII Enanpad*, Atibaia-SP, 2003. [CD-ROM].

Huber e de Starkey para fundamentar sua ação gerencial, o que requer um perfil gerencial pautado na participação, na comunicação e na sistematização dos processos organizacionais. **A partir do momento em que as pessoas começarem a entender a estrutura e os processos organizacionais, desenvolverão um pensamento sistêmico capaz de melhorar o sistema de comunicação e, conseqüentemente, as relações interpessoais.** O ambiente da organização propicia o desenvolvimento de esquemas compartilhados, o que pode contribuir para a geração de idéias e criar um ambiente para a criatividade e a inovação.

Um dos aspectos mais importantes nas considerações de Crossan *et al.*[39] sobre a aprendizagem organizacional é que ela pode ser considerada *um instrumento de renovação estratégica para a organização.* Esse processo, segundo os autores, ocorre em dois sentidos: o primeiro é o da transferência da aprendizagem de indivíduos para grupos ou equipes de trabalhadores e, posteriormente, essa aprendizagem se torna incorporada ou institucionalizada na organização em forma de sistemas, estruturas, estratégias e procedimentos; o segundo relaciona-se com a utilização do que tem sido aprendido e os impactos dessa aprendizagem nos indivíduos e grupos.

Esses dois sentidos, que foram denominados por Crossan *et al.*[40] respectivamente de *feedforward* e *feedback,* devem ser analisados em profundidade para que a organização consiga introduzir um modelo organizacional capaz de se renovar

---

39 CROSSAN, M. *et al.* Organizational learning: toward a theory. *Working Paper Series,* Londres, Richard Ivey School of Business, p. 1-43, mai. 1998.
40 CROSSAN *et al.*, 1998.

constantemente. A Figura 3.1 procura ilustrar como a aprendizagem se processa nas empresas de forma dinâmica.

FIGURA 3.1 – A aprendizagem organizacional como um processo dinâmico

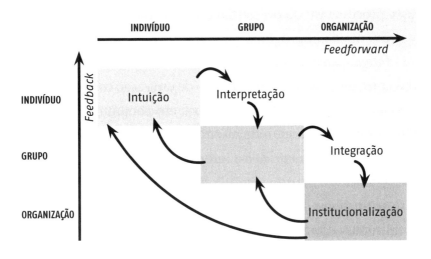

FONTE: CROSSAN et al., 1998.

Na Figura 3.1, acima, pode-se verificar que a aprendizagem ocorre em três níveis – indivíduo, grupo e organização – e em dois sentidos: *feedforward* e *feedback*. Os níveis nos quais a aprendizagem se processa estão ligados por processos sociais e psicológicos denominados intuição, interpretação, integração e institucionalização.[41]

Intuição é o reconhecimento pré-consciente de um padrão e/ou possibilidades inerentes em um fluxo pessoal de experiência. Esse processo pode afetar as ações intuitivas das pessoas,

41 CROSSAN et al., 1998.

mas é apenas afetado por outros quando eles tentam inter(agir) com aquele indivíduo.

Interpretação é a explanação, por meio de palavras e/ou ações, de um *insight* ou idéia para você mesmo e para os outros. Esse processo vai do pré-verbal para o verbal e requer o desenvolvimento da linguagem.

Integração é o processo de desenvolver visões compartilhadas entre indivíduos acompanhado de uma ação coordenada por ajustamento mútuo. Diálogo e ações em conjunto são cruciais para o desenvolvimento de visões compartilhadas. Esse processo inicialmente será *ad hoc* e informal, mas, se a ação coordenada é repetitiva e significante, ela será institucionalizada.

Institucionalização é o processo de assegurar que as ações rotinizadas ocorram. Tarefas são definidas, ações são especificadas e mecanismos organizacionais são colocados em prática. Institucionalização é o processo de fixar a aprendizagem que ocorre em indivíduos e grupos dentro dos departamentos de uma organização, incluindo sistemas, estruturas, procedimentos e estratégias.

O Quadro 3.4 apresenta esses quatro processos nos três níveis.

QUADRO 3.4 – O processo de aprendizagem nas organizações

NÍVEL	PROCESSO	*INPUTS* / RESULTADOS
INDIVÍDUO	Intuição	Experiências Imagens Metáforas
GRUPO	Interpretação	Linguagem Mapa conceitual Conversação/Diálogo
	Integração	Compreensão compartilhada Ajustamentos mútuos Sistemas interativos
ORGANIZAÇÃO	Institucionalização	Rotinas Sistemas de diagnóstico Regras e procedimentos

FONTE: CROSSAN *et al.*, 1995.

Observe que a intuição é um processo que se encontra no nível individual; já a interpretação e a integração encontram-se respectivamente entre os níveis individual, grupal e organizacional. Segundo Crossan *et al.*[42], não se pode determinar onde começa um e termina o outro. O processo de institucionalização ocorre no nível organizacional.

Existem similaridades entre as abordagens da aprendizagem citadas anteriormente que indicam que o processo de aprendizagem é multinível (indivíduo, grupo e organizacional), bidirecional (*feedforward* e *feedback*), e envolve os processos de geração, compreensão, difusão e institucionalização do conhecimento, como ilustra o Quadro 3.5.

---

42 CROSSAN *et al.*, 1998.

QUADRO 3.5 – Processos de aprendizagem organizacional

PROCESSOS	NÍVEL DE ANÁLISE	HUBER (1991)	STARKEY (1998)	CROSSAN et al (1998)
GERAÇÃO	Indivíduo	Aquisição do conhecimento	Geração e difusão da aprendizagem	Intuição
COMPREENSÃO	Grupo	Interpretação da informação	Interpretação da informação	Interpretação
DISSEMINAÇÃO	Grupo	Distribuição da informação	Integração da informação ao contexto organizacional	Integração
INSTITUCIONALIZAÇÃO	Organização	Memória organizacional	Interpretação de novas perspectivas para a aprendizagem organizacional	Institucionalização

FONTE: ELABORADO PELO AUTOR.

Com base nas abordagens apresentadas anteriormente, proponho uma estrutura de referência que objetive integrar níveis e processos para compreender como ocorre a aprendizagem. Essa estrutura poderá ser analisada em estudos empíricos para avaliar o seu nível de aderência ao contexto das organizações, espaço social em que ocorre a aprendizagem.

No nível individual, ocorre o processo de geração da aprendizagem, que envolve a aquisição de conhecimento por meio da busca de informações que subsidiarão a atribuição de significados. A geração da aprendizagem pode ocorrer por meio de imagens, metáforas ou idéias, e pode ser associada a um processo de educação e treinamento. A aprendizagem, no nível individual, é um processo que não envolve apenas a cognição, mas é influenciada pelos comportamentos e pelo contexto social em que ocorre. As experiências vividas pelas pessoas servem de *background* no processo de aquisição e contribuem para a atribuição de significados.

FIGURA 3.2 – Processos e níveis de aprendizagem organizacional

No nível de grupo, a compreensão e disseminação da aprendizagem são processos em que as pessoas iniciam a interpretação e integração de idéias na busca de uma percepção partilhada. Nesse momento, a discussão e a geração de idéias são essenciais para que a compreensão dos significados seja compartilhada por todos, e isso contribui para o estabelecimento do pensamento sistêmico e dos objetivos comuns. Isso não significa que todos pensem da mesma forma, mas existir orientações comuns que foram discutidas e partilhadas por meio da geração da aprendizagem. A disseminação ocorre quando o grupo passa a integrar o resultado do processo no nível organizacional, o que contribui para a institucionalização de novos processos, procedimentos e comportamentos que influenciarão as ações de todos os agentes envolvidos direta e indiretamente com o processo de aprendizagem.

No nível da organização, ocorre o processo de institucionalização da aprendizagem, que é a sistematização do resultado da aprendizagem coletiva no ambiente organizacional. Nesse nível, a aprendizagem resulta em mudanças nos processos operacionais e gerenciais, na tecnologia, e também pode implicar em ajustes na estratégia ou até na cultura, sobretudo nos artefatos e valores.

No nível interorganizacional, o processo de aprendizagem ocorre por meio de parcerias entre organizações visando compartilhar práticas de trabalho, processos produtivos e inovação tecnológica. Nesse nível de aprendizagem, os processos de geração, compreensão, disseminação e institucionalização ocorrem entre agentes de várias organizações. A maneira como os relacionamentos entre os agentes são estabelecidos, assim como os processos de comunicação interorganizacional, assume papel determinante na criação de uma visão compartilhada, capaz de integrar elementos do sistema organizacional em busca de uma competência essencial de que cada empresa sozinha não dispõe. A combinação de conhecimentos, comportamentos e ações de várias organizações contribui para a geração de conhecimentos, comportamentos e ações similares em várias organizações, e isso indica que o processo de aprendizagem interorganizacional foi efetivado.

Outro aspecto a ser ressaltado na abordagem proposta é que **o processo de aprendizagem é multinível, o que indica que não podemos afirmar ser a aprendizagem organizacional conseqüência da aprendizagem das pessoas. Existe um conjunto de fatores individuais que, combinados com o contexto, resultarão em mudanças na ação individual e organizacional, e é isso que caracteriza a ocorrência da aprendizagem.**

Vale ressaltar que a estrutura de referência proposta considera que várias perspectivas ou abordagens, como a cognitiva, a comportamental, a cultural ou social e a da ação, influenciam no processo de aprendizagem, com maior ou menor intensidade, em cada nível (individual, grupo, organizacional e interorganizacional). **Se um gerente tem a pretensão de fomentar um processo de aprendizagem por meio das várias perspectivas, deve pensar a prática gerencial com base em um pensamento complexo** como foi indicado no Capítulo 2. Além disso, **o gerente deve estar consciente de que vários fatores individuais e do sistema organizacional podem interferir no processo de aprendizagem organizacional.**

Do ponto de vista organizacional, esses fatores podem estar relacionados a estrutura, cultura, estratégia e tecnologia, como também a fatores ligados ao ambiente e ao comportamento dos membros da organização. De acordo com Balasubramanian,

> a aprendizagem é estimulada tanto por mudanças ambientais como por fatores internos. A adoção de determinados modelos organizacionais (estrutura, tecnologia, padrões culturais e estratégias) pode determinar a forma pela qual a aprendizagem nas organizações ocorre.[43]

Na próxima seção, discutiremos a influência desses fatores na aprendizagem organizacional, procurando ilustrar o papel do gerente nos processos de aprendizagem.

---

43 BALASUBRAMANIAN *apud* BRITO, M. J.; BRITO, V. G. P. Aprendizagem nas organizações: teorias e reflexões. In: ENCONTRO DA ASSOCIAÇÃO NACIONAL DE PÓS-GRADUAÇÃO E PESQUISA EM ADMINISTRAÇÃO, 21, 1997, Rio de Janeiro. *Anais...* Rio de Janeiro: Anpad, 1997. CD-ROM. p. 13.

3.3 Fatores determinantes na aprendizagem organizacional

NOS PRÓXIMOS CAPÍTULOS DESTE LIVRO, vamos aprofundar a discussão teórica e prática sobre a aprendizagem gerencial. Preferimos adotar uma abordagem teórico-prática para alertar os profissionais que atuam no campo da gerência que **a aprendizagem é um fenômeno complexo que demanda um processo de reflexão sobre a prática gerencial, sobretudo no contexto atual.**

Muitas organizações valorizam padrões de desempenho condizentes com metas e resultados estabelecidos no processo de formulação de estratégias. Isso leva muitos gerentes a priorizar modelos de gestão e ações de aprendizagem que sejam mais condizentes com os objetivos da organização do que com os objetivos individuais ou o planejamento de uma carreira profissional.

Existe uma série de fatores determinantes que podem facilitar ou dificultar os processos de aprendizagem nas organizações. **Os gerentes são os agentes que conduzem as ações de outros agentes organizacionais e por isso assumem um papel determinante para que os processos de aprendizagem ocorram no ambiente organizacional.** Isso não significa que o processo de aprendizagem organizacional seja resultado da ação gerencial, mas indica que os gerentes têm papel decisivo no estabelecimento do modelo de gestão para as organizações. As dimensões desse modelo ou sistema organizacional (estrutura, cultura, tecnologia, estratégia, processos gerenciais), por sua vez, influenciam a maneira como as pessoas, os grupos e as organizações aprendem.

Merriam e Cafarella[44] destacam que existem fatores que podem aumentar ou inibir a aprendizagem. Os principais fatores organizacionais são a estrutura, as pessoas e a cultura. As autoras utilizam um pensamento de Knowles, ao afirmar que

> a qualidade da aprendizagem que ocorre em uma organização é afetada pelo tipo de organização que ela é. Isto é para dizer que uma organização não é simplesmente uma instrumentalidade para fornecer atividades de aprendizagem organizadas para os adultos; ela também fornece um ambiente que tanto facilita quanto inibe a aprendizagem.[45]

Além da cultura e da estrutura, Fiol e Lyles[46] consideram a estratégia e o ambiente outros fatores que influenciam a ocorrência da aprendizagem no contexto das organizações.

A *estratégia* influencia a aprendizagem e estabelece fronteiras para a tomada de decisão em um contexto, para a percepção e interpretação do ambiente. As opções estratégicas escolhidas dependem da capacidade de aprendizagem da organização. Como afirmam Fiol e Lyles[47], é a estratégia que permite a flexibilidade e a capacidade de aprendizagem determinada parcialmente pela postura estratégica da organização, e é a orientação estratégica que delimita o processo decisório e estabelece um contexto para análise e interpretação do ambiente.

---

44 MERRIAM, S.; CAFFARELLA, R. *Learning in adulthood*: a comprehensive guide. San Francisco: Jossey-Bass, 1991.
45 MERRIAM, 1991, p. 30.
46 FIOL; LYLES, 1985, p. 804.
47 FIOL; LYLES, 1985.

A estratégia leva as pessoas a refletir sobre a situação atual e futura da organização. Para contribuir para a formação de estratégias, **os gerentes podem utilizar os processos de aprendizagem para estimular o pensamento criativo dentro das organizações.** Só que esses processos requerem a introdução de uma nova maneira de vislumbrar o processo gerencial.

Grant e Gnyawali[48] afirmam que os processos estratégicos e o resultado da *performance* econômica em muitas organizações podem ser melhorados pela efetiva integração das práticas da aprendizagem organizacional em vários níveis. A busca cuidadosa de informações, baseada em caminhos criativos para aumentar a satisfação do cliente e melhorar os métodos e processos, pode ajudar os estrategistas a determinar o que a sua organização precisa aprender para competir mais efetivamente. Nesse sentido, "é importante que compreendamos a estratégia como um processo de aprendizagem, tanto individual como coletivo."[49]

Conseguir o envolvimento das pessoas nas discussões estratégicas é até fácil. O difícil é desenvolver um ambiente propício para o desenvolvimento de competências individuais e coletivas para que esses agentes adicionem valor às estratégias que orientam a organização.

Senge *et al.* ressaltam que a inclusão da estratégia no processo de aprendizagem não é tão crítica quanto a inclusão da aprendizagem no processo de estratégia."[50] Esse é um desafio

---

48 GRANT, J. H.; GNYAWALI, D. R. Strategic process improvement through organizational learning. *Strategy & Leadership*, v. 24, n. 3, p. 28-33, 1996.
49 MINTZBERG, H. *et al. Safári de estratégia*: um roteiro pela selva do planejamento estratégico. Porto Alegre: Bookman, 2000, p. 172.
50 SENGE, P. (org.). *A Dança das mudanças*. Rio de Janeiro: Campus, 1999.

que pode ser superado de duas perspectivas: a primeira envolve a "compreensão dos negócios", que ajudará as pessoas a entender a base do negócio, quanto de valor é gerado e que fatores diferenciam sua empresa das concorrentes. A grande finalidade é tentar criar valor para o consumidor. Já a segunda se concentra nas habilidades do pensamento grupal e colaborativo, sobretudo por meio do pensamento sistêmico, que ajuda a reconhecer as interrelações entre as partes do sistema para chegar a uma visão do todo, e nas habilidades dos modelos mentais.

Kim[51] destaca que na relação entre a aprendizagem individual e a organizacional deve-se deixar claro que o processo precisa ser gerenciado de maneira consistente em relação às metas organizacionais, à visão e aos valores. Nesse sentido, destaca-se também o papel da cultura no processo.

A *cultura organizacional* (crenças, ideologias, valores e normas) e a quantidade de recursos (dinheiro e pessoal) também influenciam a aprendizagem nas organizações. Para Fleury,

> compreender as formas de interação, as relações de poder no interior das organizações e a sua expressão ou o seu mascaramento por meio de símbolos e práticas organizacionais é fundamental para a discussão de como acontece o processo de aprendizagem na organização.[52]

A cultura de uma organização é extraordinariamente estável e notoriamente difícil de mudar, apesar do movimento das

---

51 KIM, 1995, p. 37.
52 FLEURY, M. T. L. Aprendendo a mudar – aprendendo a aprender. *Revista de Administração da Universidade de São Paulo*, v. 30, n. 3, p. 5-11, 1995, p. 8.

pessoas dentro e fora dela. Se as organizações têm um estilo, uma maneira de fazer as coisas, de comunicar e responder, então por que elas não têm uma maneira de aprender[53]? A análise da cultura da organização pode ser um indicador para responder à questão. A mudança e a aprendizagem freqüentemente envolvem a reestruturação de um amplo sistema de normas e crenças.[54]

A aprendizagem é estimulada tanto por fatores ambientais como por fatores internos (indivíduos, cultura etc.). Segundo Schein,

> uma organização em processo contínuo de aprendizagem deve acreditar que o contexto ambiental em que ela existe é, de certa forma, administrável. A organização que assume uma relação simbiótica com o ambiente, optando por atuar em nichos de mercado protegidos, terá mais dificuldades em mudar e aprender, à medida que o ambiente se tornar mais turbulento.[55]

Tanto aspectos do *ambiente externo* como do *interno* podem favorecer ou limitar a aprendizagem. A relação entre aprendizagem e ambiente, no contexto das organizações na atualidade, demanda um pensamento complexo, como vimos no capítulo anterior, uma vez que tanto a mudança como a estabilidade influenciam a aprendizagem no contexto das organizações. As relações estabelecidas entre a organização e o ambiente são mediadas pelos agentes organizacionais. Isso indica que **tanto o ambiente externo pode dar início a um processo de adaptação, e**

---

53 TAMKIN; BARBER, 1998, p. 2.
54 FIOL; LYLES, 1985, p. 804.
55 SHEIN *apud* FLEURY, 1995, p. 10.

conseqüentemente fomentar a aprendizagem, como as pessoas podem desencadear um processo de mudança e conseqüentemente de aprendizagem. O que vai favorecer ou dificultar o processo é o nível de turbulência do ambiente, assim como o nível de conhecimento das pessoas em relação aos contextos econômico, social e político e o nível de competitividade. Para Fiol e Lyles[56], o processo de aprendizagem envolve a criação e a manipulação da tensão entre estabilidade e mudança e isso gera certa quantidade de estresse que pode favorecer a aprendizagem. É esse nível de estresse e o nível de incerteza que determinarão a existência de condições efetivas para a aprendizagem, influenciando assim a maneira como o ambiente é percebido e interpretado.

Essas condições ilustram que várias organizações podem perceber e interpretar o ambiente de forma diferente, e isso indica **que, se existir um ambiente favorável à aprendizagem, a organização poderá fomentar uma tensão criativa capaz de compatibilizar um processo de mudança sem perder a estabilidade necessária para enfrentar as contingências ambientais** – o que depende do estabelecimento de uma estrutura que facilite um processo co-evolutivo.

A *estrutura* tem uma influência direta na aprendizagem organizacional, sobretudo porque contribui decisivamente para os processos de inovação e de novos *insights*.[57] A centralização e descentralização das estruturas de decisão têm muitos impactos na capacidade da aprendizagem das organizações. Centralizar a estrutura tende a reforçar o comportamento passado, dificultando a inovação e a aprendizagem, enquanto descentralizar a estrutura

56 FIOL; LYLES, 1985.
57 FIOL; LYLES, 1985.

facilita a assimilação de novos modelos e associações. A estrutura que favorece a aprendizagem deve ser flexível. **Uma estrutura inapropriada não pode eliminar a aprendizagem organizacional, mas pode retardá-la ou dificultá-la e, algumas vezes, produzir conseqüências negativas ou letais.** O reconhecimento de que certas estruturas contribuem mais para a aprendizagem organizacional revela que as organizações deveriam estar intencionalmente projetadas para melhorar a sua capacidade para aprender.

Como abordamos nos processos de aprendizagem, a maneira como as organizações captam, armazenam e difundem a informação é determinante na aprendizagem. Sendo assim, pode-se afirmar que outro fator organizacional que influencia a aprendizagem é a *tecnologia*. O uso de sistemas de informação, redes de comunicação intra e interorganizacional, pode facilitar a aprendizagem. A utilização de novas tecnologias pode contribuir para adquirir conhecimento, distribuir informações, ajudar na sua interpretação e armazená-las na memória organizacional. Esse conhecimento armazenado pode ser recuperado a qualquer momento e ajudar os agentes da empresa no desempenho de suas atividades. Além disso, **a maneira como as pessoas desenvolvem o seu trabalho, a utilização de procedimentos e rotinas em sua ação profissional podem ser associadas à tecnologia bem como facilitar ou dificultar a aprendizagem.**

Além dos fatores citados anteriormente, podem-se destacar outros aspectos do comportamento no campo das organizações que influenciam na aprendizagem. O clima organizacional, por exemplo, pode encorajar ou limitar a aprendizagem. Segundo Antonacopoulou, um clima organizacional construtivo encorajaria os indivíduos a ter atitudes positivas em relação à aprendizagem e reconhecer a necessidade de desenvolver aprendizagem, superar sua própria resistência à mudança, entender suas próprias deficiências como aprendizes e ser mais abertos a experiências e prontos a aprender com elas.[58]

Da mesma forma, **um clima organizacional marcado por disputas pelo poder, com foco no desempenho individual, pode dificultar a aprendizagem porque as pessoas não irão compartilhar seus conhecimentos e suas experiências, além de não expor as suas deficiências porque isso pode ser utilizado para prejudicá-las.** Um ambiente de desrespeito mútuo, como estamos acostumados a vivenciar até nos meios de comunicação quando, por exemplo, retratam a vida empresarial nas novelas, focaliza um comportamento moral inadequado, visando a favorecimentos individuais e criando um ambiente organizacional competitivo que não favorece a aprendizagem, mas cria um ambiente propício para miná-la.

No campo da gerência, criar um ambiente propício à aprendizagem é condição *sine qua non* para o desenvolvimento da carreira gerencial, e isso reforça o papel que a aprendizagem organizacional exerce nos processos de mudança e também no delineamento de um sistema organizacional capaz de ajudar os gerentes a criar condições favoráveis para o crescimento, desenvolvimento e sobrevivência da organização. Essa constatação

---

58 ANTONACOPOULOU, E. P. Desenvolvendo gerentes aprendizes dentro de organizações de aprendizagem: o caso de três grandes bancos varejistas. In: EASTERBY-SMITH, M. *et al. Aprendizagem organizacional e organização de aprendizagem*: desenvolvimento na teoria e na prática. São Paulo: Atlas, 2001, p. 266-7.

indica que a introdução de um processo de aprendizagem não é uma tarefa simples, uma vez que demanda do gerente analisar várias dimensões do sistema, como a estrutura, a cultura, a tecnologia, a estratégia, e ainda avaliar a forma como a organização se relaciona com o ambiente. **As pessoas são os agentes que dão vida à organização, e é por meio delas que o processo de aprendizagem ocorre.**

Os três primeiros capítulos deste livro servem de base para entender o processo de evolução da atividade gerencial, a introdução do pensamento complexo na prática gerencial, que objetiva ampliar o foco da ação gerencial, e para compreender como a aprendizagem ocorre nas organizações. Nos próximos capítulos vamos entender como os gerentes aprendem, a partir de uma perspectiva multidimensional, ampliando o foco de análise do campo das organizações para o contexto da vida. **O processo de aprendizagem de um gerente não envolve apenas a educação, mas também o contexto da ação ao vivenciar experiências pessoais e profissionais, mediadas por um processo de reflexão.**

Capítulo 4

Aprendizagem gerencial na teoria e na prática

A APRENDIZAGEM É UM PROCESSO MULTIFACETADO, QUE DEPENDE DE UMA SÉRIE DE VARIÁVEIS CONTEXTUAIS QUE INFLUENCIAM A MANEIRA COMO AS PESSOAS VÊEM O MUNDO E ATRIBUEM SIGNIFICADOS A DE-TERMINADOS EVENTOS. Para Cranton, "a aprendizagem é multidimensional e pode influenciar as perspectivas de significado de várias maneiras e em diferentes níveis".[1]

Neste capítulo, vamos introduzir um "olhar" da aprendizagem gerencial na teoria e na prática. A metáfora do olhar foi utilizada para ilustrar que o tema é abordado por meio de uma linha de pensamento fundamentada em uma teoria e na prática gerencial.

O processo de aprendizagem de gerentes é multidimensional porque abrange uma dimensão objetiva e outra subjetiva da prática

---

1 CRANTON, P. *Understanding and promoting transformative learning*: a guide for educators of adults. San Francisco: Jossey-Bass Publishers, 1994, p. 48.

gerencial. Na *dimensão objetiva*, a aprendizagem ocorre por meio de ações formais voltadas para a formação técnico-profissional e para a aquisição de conhecimentos e competências técnicas, sobretudo vinculadas a procedimentos e técnicas para a formulação e implementação de estratégias (produção, marketing, finanças, recursos humanos), orientações para a prática gerencial, além de contribuir para a reflexão e o desenvolvimento de uma visão sistêmica, trabalho em equipe, negociação, técnicas para a tomada de decisões, entre outros. Além disso, no contexto da ação gerencial existe uma série de atividades que favorecem a aprendizagem, tais como os relacionamentos com pares, superiores e subordinados, a leitura de manuais de normas, procedimentos, sistemas de informações gerenciais, entre outros.

Por outro lado, existe uma *dimensão subjetiva*, interior a cada pessoa, que a torna singular e também contribui para a aprendizagem. **A busca do autoconhecimento, o processo de reflexão sobre as experiências vividas, as sensações, o medo, os traumas pessoais, o sofrimento não são abordados com muita freqüência no discurso gerencial.** A lógica do sucesso profissional, no contexto empresarial na atualidade, muitas vezes cria um protótipo de profissional e o envolve em torno de uma representação social que o leva a não demonstrar a singularidade e a individualidade de ser humano em todas as suas dimensões.

Ao longo da vida, os nossos valores e atitudes são incorporados à ação, e por isso não podemos imaginar um gerente que almeja ser bem-sucedido no campo profissional valorizar apenas a dimensão objetiva inerente à sua aprendizagem e à sua própria vida. A dimensão subjetiva é determinante pois pode ajudá-lo em seu desenvolvimento pessoal e contribuir para o desenvolvimento de competências em ação.

Uma competência em ação envolve um conjunto de atributos profissionais e pessoais que ajudam o gerente a lidar com eventos, tais como resolver problemas, administrar conflitos, conduzir uma negociação, implementar um processo de mudança, formular uma estratégia ou criar um ambiente propício para o desenvolvimento dos colaboradores em um contexto profissional. **Para o desenvolvimento de uma competência, o gerente não precisa apenas de conhecimento, mas de experiência. Esta, por sua vez, não envolve apenas situações vividas no contexto profissional, mas no espaço total da vida, e isso inclui as experiências vividas na escola, na família, nos relacionamentos sociais, afetivos e profissionais.**

Zarifian[2] destaca três procedimentos envolvendo um evento que podem auxiliar o gerente em sua prática gerencial: antes do evento (expectação atenta), durante o evento (intervenção ativa e pertinente) e depois do evento (debruçar-se reflexivo sobre o evento ocorrido). Esses três momentos delineiam um ciclo completo de aprendizagem dinâmica, que no campo das organizações pode contribuir para os processos de aprendizagem organizacional abordados no capítulo anterior, indicando que a noção de evento pode auxiliar o gerente em seu processo de aprendizagem, assim como no processo de aprendizagem na organização. Além disso, existem algumas contribuições que o conceito de evento traz para a prática gerencial. São elas:

---

2   ZARIFIAN, P. *Objetivo competência*: por uma nova lógica. São Paulo: Atlas, 2001.

> ⓐ o evento significa que a competência profissional não pode ficar enclausurada em definições prévias do conteúdo da atividade gerencial;
>
> ⓑ a competência deve, diante de um evento, ser mobilizada pelo gerente que se encontra na situação real e, em seguida, deve ser reconsiderada em uma análise a *posteriori* do evento;
>
> ⓒ no momento em que os eventos são um pouco mais complexos e importantes, ultrapassam o saber e a ação gerencial, uma vez que requerem a mobilização de uma rede de agentes;
>
> ⓓ os eventos provocam perturbação, agitação, e isso implica que a prática gerencial não pode ser percebida como uma seqüência programada de atividades rotineiras e repetitivas;
>
> ⓔ a noção de evento introduz uma nova percepção sobre o processo de aprendizagem e a avaliação da experiência profissional.

FONTE: ZARIFIAN, 2001, p. 42-43.

O desenvolvimento de competências para enfrentar as várias situações profissionais futuras deve incluir a noção de evento no processo de aprendizagem gerencial, uma vez que pode ajudar o gerente a entender a dinâmica do processo como um fenômeno complexo, que não pode ser previsível e instrumentalizado de forma linear e sistemática, mas dinâmico, multifacetado e multidimensional. Assim, percebe-se uma ligação entre o desenvolvimento de competências gerenciais e os processos de aprendizagem.

Os próximos capítulos abordarão essas questões e espero que ajudem as pessoas a refletir sobre seu processo de aprendizagem. Não há a intenção de apresentar fórmulas prontas, uma vez que **este livro revela que existem diversos caminhos e várias situações que favorecem a aprendizagem.** Cada pessoa deve construir o seu processo de aprendizagem, e isso implica avaliar como a educação formal e as experiências profissional e social, vivenciadas em um contexto, podem auxiliar na sua trajetória profissional.

Quando citamos a expressão "experiência social", estamos indicando as experiências vivenciadas pelas pessoas no contexto da vida pessoal. Não podemos esquecer que a educação formal e a experiência profissional também estão insertas em um contexto social, tema do Capítulo 6. Nele, vamos apresentar alguns fatores contextuais e perspectivas teóricas que envolvem a aprendizagem de adultos para, em seguida, discutir o significado, o processo e a prática da aprendizagem de gerentes.

4.1 Fatores contextuais que influenciam a aprendizagem de adultos

O CONTEXTO É UM PRODUTO SOCIAL E HISTÓRICO que é produzido junto com as atividades que ele apóia: agentes, objetos, atividades, artefatos materiais e simbólicos que constituem um sistema heterogêneo que evolui ao longo do tempo[3] e sofre a influência de fatores demográficos, econômicos, tecnológicos e culturais que estão interligados e são dimensões que afetam a aprendizagem de gerentes.

A *demografia* é uma variável interveniente porque as mudanças na sociedade implicam a necessidade de as pessoas aprenderem para se adaptar. "A composição de uma sociedade

---

3 GHERARDI, S. *et al.* Toward a social understanding of how people learn in organizations. *Management Learning*, v. 29, n. 3, p. 273-97, 1998.

é um fator importante na provisão de oportunidades de aprendizagem para cidadãos de todas as idades."[4]

A *economia* é outro fator determinante porque a velocidade da mudança gera a necessidade da aprendizagem. Os mercados buscam competitividade e só aqueles que estiverem aptos a competir terão condições de evoluir. A era da informação e do conhecimento promoveu transformações nas organizações e nos trabalhadores, que passaram a valorizar o conhecimento como insumo para a geração de valor. Fatores econômicos estão moldando a natureza da nossa sociedade e, por extensão, a da aprendizagem gerencial. A economia global, a busca de uma sociedade da informação e dos serviços e as mudanças na configuração da força de trabalho são essenciais para avaliar o processo de aprendizagem e os agentes que participam dele.[5]

A *tecnologia* inclui o conhecimento, as ferramentas, as técnicas e as atividades usadas para transformar insumos em resultados. Tecnologia inclui maquinário, habilidades e procedimentos de trabalho.[6] Com as transformações ocorridas no ambiente, as tecnologias se tornam obsoletas mais rapidamente, o que influencia a aprendizagem. A era da informação e do conhecimento, aliada à tecnologia da informação, provocou mudanças na estrutura da sociedade e na aprendizagem. A tecnologia afeta consideravelmente o conhecimento, que logo se torna obsoleto em conseqüência da acelerada taxa de

---

4 MERRIAM, S.; CAFFARELLA, R. *Learning in adulthood*: a comprehensive guide. San Francisco: Jossey-Bass, 1991, p. 10.
5 MERRIAM; CAFFARELLA, 1991.
6 DAFT, R. L. *Organizações*: teoria e projetos. São Paulo: Pioneira Thomson Learning, 2003.

mudança.[7] De acordo com Merriam e Caffarella[8], metade do que a maioria dos profissionais aprende quando concluem seus treinamentos formais fica obsoleto em menos de cinco anos. Assim, a necessidade da educação continuada tem aumentado no apoio a geração e difusão do conhecimento.

Além dos fatores citados, considera-se a *cultura* outra dimensão que interfere na aprendizagem, pois determina a maneira como as pessoas agem dentro de determinado sistema social. É formada por um sistema de crenças, valores e atitudes que servem como balizadores do comportamento humano. **A cultura pode interferir no processo de aprendizagem, na medida em que as pessoas muitas vezes relutam em sair da zona de conforto e abandonar seus modelos mentais.** Segundo Gold, "o aprendizado envolve mudanças, e estas, quaisquer que sejam e em qualquer situação, nem sempre são confortáveis [...] as mudanças podem, com freqüência, fazer que o desempenho piore antes de melhorar, e este risco pode ser demasiado grande."[9]

A diversidade cultural e as mudanças nas relações entre os países, por exemplo, reforçaram a importância da aprendizagem como um pré-requisito para a adaptação. As dimensões mencionadas anteriormente não atuam de forma isolada. Todo o sistema está conectado e qualquer mudança em uma delas altera as demais.

---

7 STEWART, T. A. *Capital intelectual:* a nova vantagem competitiva das empresas. Rio de Janeiro: Campus, 1998.
8 MERRIAM; CAFFARELLA, 1991.
9 GOLD, J. A empresa que aprende baseada no conhecimento. In: CLARKE, T.; MONKHOUSE, E. *Repensando a empresa.* São Paulo: Pioneira, 1995, p. 120.

COMO OS GERENTES APRENDEM?

4.2 **Perspectivas teóricas da aprendizagem**

EXISTEM VÁRIAS PERSPECTIVAS de aprendizagem que norteiam o desenvolvimento e a educação de adultos. As contribuições da Psicologia, da Antropologia e da Sociologia foram fundamentais para a evolução dos estudos direcionados para avaliar como os adultos aprendem. **O debate em torno do processo de aprendizagem gerencial tem como ponto de partida a educação de adultos para ilustrar que a compreensão do significado e do processo de aprendizagem pode ser orientada por várias linhas de pensamento.**

Merriam e Caffarela[10] discutem o processo de aprendizagem de adultos e o definem como parte de um quebra-cabeça. As autoras afirmam que, apesar de existirem várias maneiras de definir a aprendizagem, a maioria delas inclui os conceitos de *mudança de comportamento* e *experiência*. As principais perspectivas teóricas norteadoras da aprendizagem são a behaviorista, a cognitiva, a humanista, a social e a transformadora.

Na perspectiva *behaviorista*, a aprendizagem é manifestada por uma mudança no comportamento das pessoas e é determinada por elementos do ambiente e não do aprendiz individualmente. Em contrapartida, a perspectiva *cognitiva* coloca o ser humano como agente ativo no processo de aprendizagem, que interpreta sensações e dá significados aos eventos que afetam a sua consciência. O aprendiz pensa sobre todos os ingredientes necessários para resolver um problema

10 MERRIAM; CAFFARELA, 1991, p. 121-39.

e agrupá-lo, cognitivamente, de uma forma ou de outra até encontrar uma solução.[11] O que diferencia essas duas correntes é que para os behavioristas o *locus* da aprendizagem está no *ambiente* e, para os cognitivistas, está nos *processos mentais* controlados pelo indivíduo.

Na perspectiva *humanista*, a aprendizagem é função da motivação e envolve responsabilidades. As pessoas aprendem porque almejam o crescimento. Os humanistas se recusam a aceitar o predeterminado pelo comportamento ou pelo subconsciente de alguém. Nesse sentido, o ser humano exerce o controle sobre o seu destino, possui um potencial ilimitado para o crescimento e desenvolvimento, tem a liberdade de agir e o seu comportamento é conseqüência de escolhas.

Outra perspectiva da aprendizagem é a *social*, que considera a aprendizagem pessoal conseqüência de um processo de observação de outras pessoas. Para Merriam e Cafarella, o foco da aprendizagem social é o cenário em que ela ocorre. "A aprendizagem ocorre por meio da observação das pessoas em um ambiente específico. Além disso, a aprendizagem é uma função da interação entre pessoa, ambiente e comportamento."[12]

Cranton[13] abordou as diversas perspectivas da aprendizagem seguindo uma orientação paradigmática. A autora inicia a discussão levantando um questionamento sobre a possibilidade de estabelecer características genéricas para a aprendizagem de adultos. Após fazer uma análise de vários pesquisadores, entre eles

11 MERRIAM; CAFARELLA, 1991.
12 MERRIAM; CAFARELLA, 1991, p. 139.
13 CRANTON, 1994, p. 3-21.

Knowles, Mezirow e Kolb, Cranton[14] estabelece algumas dessas características, afirmando que a aprendizagem de adultos é freqüentemente vista como *voluntária, autodirigida, prática, participativa* ou *colaborativa*. Além disso, a aprendizagem envolve partilhar experiências e recursos, provoca ansiedade e pode ser limitada quando os indivíduos subestimam suas habilidades.

As perspectivas de aprendizagem, segundo Cranton[15], são enquadradas em dois paradigmas: o *positivista* e o *construtivista*. O positivista é facilmente compreendido por meio do pensamento científico ou do conhecimento instrumental, que são decorrentes de leis e dados empíricos. A aprendizagem é considerada o processo de acúmulo de informação. O behaviorismo e as teorias cognitivas de aprendizagem centradas no processamento da informação são vinculados a esse paradigma. No paradigma construtivista o conhecimento é construído pelo indivíduo, que percebe o mundo em uma realidade que não é objetiva. A aprendizagem é um processo de construir significados e transformar as compreensões. As teorias humanística e contextual (social) da aprendizagem são balizadas nesse paradigma.

Outro autor que pode ser utilizado como base para classificar as teorias de aprendizagem é Habermas[16], que propôs três domínios de conhecimento:

❶ CONHECIMENTO TÉCNICO, contempla a informação sobre relacionamentos de causa e efeito no ambiente;

---

14 CRANTON, 1991.
15 CRANTON, 1991.
16 HABERMAS *apud* CRANTON, 1991, p. 9.

b CONHECIMENTO PRÁTICO, preocupa-se com a compreensão dos significados dos outros e envolve normas sociais, valores e conceitos políticos;

c CONHECIMENTO EMANCIPATÓRIO, adquirido por meio da auto-reflexão crítica.

Com base nas idéias de Habermas, Mezirow[17] desenvolveu a teoria da aprendizagem transformadora, considerada uma teoria de aprendizagem adulta, abstrata, idealizada e calcada na natureza da comunicação humana. Lucena, ao analisar a definição proposta por Mezirow sobre a aprendizagem, considera estar fundamentada nos pressupostos construtivistas e embasada na "idéia de que os adultos constroem significados a partir das experiências vivenciadas e que as ações humanas em relação às coisas baseiam-se no significado que as coisas possuem para as pessoas."[18]

O processo de aprendizagem ocorre a partir do momento em que uma experiência vivenciada por uma pessoa a leva a fazer associações com seus pressupostos, crenças, valores e conhecimentos, que formam um quadro de referências. Após um processo de interpretação, a pessoa age em função da associação entre a experiência vivida em determinada situação e o seu quadro de referências. Lucena considera a ação a "implementação criativa de um propósito e pode envolver uma tomada de decisão, criação de uma

---

17 MEZIROW apud TAYLOR, E. W. *The theory and practice of transformative learning*: a critical review. Ohio: Center on Education and Training for Employment, 1998. (Information Series, n. 374). p. 5-13.

18 LUCENA, E. A. *A aprendizagem profissional de gerentes-proprietários do setor de varejo de vestuário de Florianópolis*. 2001. Tese (Doutorado em Engenharia de Produção) – Centro Tecnológico, Universidade Federal de Santa Catarina, Florianópolis, 2001, p. 30.

associação, revisão de um ponto de vista, reestruturação da solução de um problema, modificação de uma atitude ou produção de uma mudança de comportamento."[19]

A aprendizagem transformadora tenta explicar como nossas expectativas, estruturadas em suposições e pressuposições, diretamente influenciam o significado que nós obtemos de nossas experiências. É a revisão de estruturas de significados das experiências que é adicionada pela teoria da perspectiva transformadora.[20]

Para Silva, a teoria da aprendizagem transformadora proposta por Jack Mezirow procura demonstrar que "o aprendizado transforma o conhecimento existente em nova perspectiva e provoca a emancipação do aprendiz."[21]

Não pretendemos aprofundar as discussões sobre essas perspectivas teóricas da aprendizagem, mas acreditamos que conhecê-las pode auxiliar os gerentes e demais profissionais a ampliar o escopo de análise sobre os processos de aprendizagem no ambiente profissional e na vida pessoal.

Neste livro, o interesse maior é compreender o processo de aprendizagem de gerentes numa perspectiva multidimensional, o que implica um olhar que perpassa fronteiras ou espaços sociais da vida das pessoas, tornando essa compreensão complexa e necessária em função das transformações ocorridas no ambiente e na prática gerencial. O processo de aprendizagem de gerentes incorpora o pensamento

---

19 LUCENA, 2001, p. 30.
20 TAYLOR, 1998.
21 SILVA, M. A. *A aprendizagem de professores da Universidade Federal de Santa Catarina para dirigir as unidades universitárias*. 2000. Tese (Doutorado em Engenharia de Produção) – Centro Tecnológico, Universidade Federal de Santa Catarina, Florianópolis, 2000, p. 13.

complexo discutido no Capítulo 2, e isso indica que as várias correntes teóricas podem auxiliar na compreensão de como se dá esse aprendizado. Para isso, é necessário compreender o significado da aprendizagem gerencial.

4.3 Significado da aprendizagem gerencial

A APRENDIZAGEM GERENCIAL emergiu para suprir um *gap* entre a teoria e a prática da educação gerencial e do desenvolvimento gerencial e começou a ser aplicada pela teoria da aprendizagem, pela psicologia, pela pesquisa educacional e pela sociologia nos processos pelos quais os gerentes aprendiam na ação ou em salas de treinamento de escolas de negócios, contribuindo para essas disciplinas de "origem", mas também para o gerenciamento e a teoria da organização.[22]

O autor define a aprendizagem gerencial como "o estudo do gerenciamento dos processos de aprendizagem, especialmente aqueles que contribuem para a prática do gerenciamento, incluindo a educação e o desenvolvimento gerenciais."[23] A aprendizagem gerencial é o estudo da aprendizagem do gerenciamento e do gerenciamento da aprendizagem.[24] **A aprendizagem do gerenciamento tem como objetivo desenvolver competências gerenciais (conhecimentos, habilidades, valores morais) por meio de atividades de educação e desenvolvimento. Já o**

---

22 FOX, S. From management education and development to the study of management learning. In: BURGOYNE, J.; REYNOLDS, M. (eds.). *Management learning*: integrating perspectives in theory and practice. Londres: Sage, 1997, p. 21-37.
23 FOX, 1997, p. 34-5.
24 FOX, 1997.

COMO OS GERENTES APRENDEM?

gerenciamento da aprendizagem é um processo que ocorre na prática gerencial, por meio da vivência de experiências no trabalho e na vida pessoal.

Ao concluírem um estudo sobre os processos de aprendizagem de gerentes, Tamkin e Barber[25] também chegaram à conclusão de que a aprendizagem de gerentes envolve treinamento por meio da educação e do desenvolvimento pessoal, e de que os resultados da aprendizagem incluem mudanças nas habilidades, no conhecimento, na compreensão e nos *insights*. O processo de aprendizagem atua em um contínuo do treinamento por meio da educação até o desenvolvimento. O quadro abaixo procura ilustrar alguns exemplos do que os gerentes aprenderam, levando em consideração cinco categorias.

QUADRO 4.1 – Cinco categorias da aprendizagem

CATEGORIA (O QUE APRENDEU?)	EXEMPLOS
Conhecimento técnico	• Aquisição de conhecimentos ou habilidades a partir de eventos de aprendizagem (cursos ou eventos informais no trabalho), tais como habilidades associadas ao uso do computador ou de negociação.
Habilidades gerenciais	• Compreensão das necessidades das pessoas. • Compreensão da influência da vida pessoal no trabalho das pessoas. • Habilidade de trabalhar com as pessoas de várias áreas da organização. • *Feedback* das pessoas em relação ao seu estilo de gestão.
Compreensão da organização	• Visão integrada da organização. • Visão sistêmica dos negócios da organização, da cultura e de abordagens sobre o trabalho e a vida organizacional.

---

25 TAMKIN, P.; BARBER, L. Learning to manage. *Institute for Employment Studies Reports*, report 345, 1998, p. 32.

APRENDIZAGEM GERENCIAL NA TEORIA E NA PRÁTICA

Compreensão do impacto nos outros	• Compreensão do impacto de seu trabalho nas outras pessoas, nos pares e nos subordinados. • Melhoria em seu *networking*. • Desenvolvimento de um estilo de gestão mais participativo, ampliando o espaço dos subordinados. • Busca de apoio das pessoas na implantação de mudanças. • Compreensão da necessidade de compartilhar suas visões, sem impor o seu posicionamento.
Compreensão de si	• Habilidades pessoais (aceitar *feedback* de forma construtiva). • Reflexão sobre o estágio na carreira sob uma perspectiva de equilíbrio entre o trabalho e a vida. • Compreensão de seus próprios processos de pensamento (ex.: suspender o seu julgamento em relação aos outros até obter mais informação). • Compreensão de seu estilo pessoal para ser mais efetivo no trabalho.

FONTE: BASEADO EM TAMKIN E BARBER, 1998, p. 34-9.

O Quadro 4.1 destaca que o processo de aprendizagem envolve o desenvolvimento de conhecimentos, habilidades e atitudes de natureza técnica, humana e conceitual, além de um maior conhecimento de si. Os resultados da pesquisa podem servir de base para a elaboração de programas voltados para a aprendizagem gerencial.

Fox aborda a relação entre a educação e o desenvolvimento gerenciais, que são sobrepostos, mas também são distintos em alguns aspectos, como demonstra o Quadro 4.2, na p. 154.

O grande desafio dos programas de aprendizagem gerencial é compatibilizar a educação e o desenvolvimento do gerente, de modo que ele possa desenvolver as competências necessárias para enfrentar os desafios que encontra em sua prática profissional. Na Figura 4.1, apresentamos o escopo do estudo da aprendizagem gerencial, ratificando o seu nível de complexidade e a sua abrangência no processo de formação e desenvolvimento gerencial.

QUADRO 4.2 – Diferenças entre desenvolvimento gerencial e educação gerencial

ASPECTOS	DESENVOLVIMENTO GERENCIAL	EDUCAÇÃO GERENCIAL
Foco	Prática – saber como fazer.	Teoria – saber o quê e por quê.
Conteúdo	Desenvolve os conhecimentos pessoais, os repertórios e as habilidades (ex.: gestão do tempo, estresse gerencial, assertividade, trabalho em equipe, negociação, entre outros).	Desenvolve habilidades críticas e analíticas nas disciplinas relevantes para a administração (ex.: economia, gestão das operações e pesquisa, contabilidade, finanças, marketing, teoria das organizações, comportamento, estratégia).
Métodos de ensino	Usa uma série de métodos focados na ação.	É derivada de métodos tradicionais (ex.: leitura, seminários).
Organização	Mecanismos de mercado.	Sistema educacional.

FONTE: ELABORADO COM BASE EM FOX, 1997, p. 21.

FIGURA 4.1 – Escopo da aprendizagem gerencial

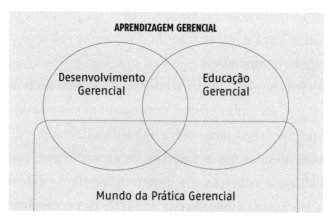

FONTE: FOX, 1997, p. 23.

A discussão em torno da relação entre educação e aprendizagem nos programas que fomentam a aprendizagem de gerentes nas organizações deve considerar que a educação não leva necessariamente à aprendizagem e que esta não está necessariamente conectada com a educação. Para que a aprendizagem ocorra, torna-se necessário que haja uma troca entre o indivíduo e a situação de trabalho.[26] Existem, segundo os autores citados, alguns fatores importantes para que se dê o processo de aprendizagem. São eles:

» a participação dos colegas de trabalho na formulação de metas, planejamento e desenvolvimento de atividades;
» tarefas com elevado potencial de aprendizagem;
» informação e conhecimento teórico aprofundado;
» experimentos locais para testar diferentes alternativas de ação;
» troca de experiência e reflexão;
» processos de grupo, cultura e estrutura organizacional com apoio da aprendizagem;
» apoio, mas também pressão para a mudança e a legitimação da administração em diferentes níveis da organização.

Esses aspectos indicam que os programas voltados para a aprendizagem gerencial devem considerar que os processos de aprendizagem também se dão por meio de relacionamentos, da natureza do trabalho a ser desenvolvido, da troca de experiências, da capacidade de reflexão, além de um modelo de gestão que favoreça a ocorrência da aprendizagem. Isso indica que um programa de aprendizagem gerencial no contexto da organização não abrange apenas a realização

---

26 PAULSSON, K.; SUNDIN, L. Learning at work – a combination of experience-based learning and theoretical education. *Behavior & Information Technology*, v. 19, n. 3, p. 181-8, 2000.

de cursos e seminários, mas depende da delimitação de um contexto que incentive a aprendizagem. Se o gerente participar de um curso e não conseguir aplicar o que foi abordado na organização, o processo de aprendizagem fica comprometido. **O gerente deve encarar a aprendizagem como dinâmica e contextualizada ao ambiente da sua prática.** Compatibilizar educação, desenvolvimento de competências e prática gerencial contribui para um efetivo processo de aprendizagem gerencial.

A base para a competência profissional futura está na capacidade de aprender a como aprender, o que requer o desenvolvimento de uma teoria própria da prática em condições de tempo reais. Isso significa que o profissional deve aprender a desenvolver microteorias de ação que, quando estruturadas em um padrão, representam uma teoria efetiva de prática. O profissional deve ser capaz de agir de acordo com suas microteorias e refletir sobre suas ações, relacionando-as às variáveis implícitas que governam seu comportamento e determinam o impacto dele no comportamento do mundo, na aprendizagem e na efetividade.[27]

Argyris e Schon consideram dois tipos de comportamentos relacionados com a aprendizagem: o *single-loop* e o *double-loop*. Na aprendizagem em *single-loop*, os indivíduos aprendem novas técnicas para eliminar conflitos e manter uma constância no desenho de ações que satisfaçam as variáveis governantes. Já na aprendizagem em *double-loop*, as pessoas aprendem a lidar com o processo de resolução de conflitos, em vez de

---

27 ARGYRIS, C.; SCHON, D. A. *Theory in practice*: increasing professional effectiveness. San Francisco: Jossey-Bass Publishers, 1974.

eliminá-los, e a mudar as variáveis que governam os cenários. O impacto na aprendizagem envolve especialmente a aprendizagem em *double-loop*.[28]

Na prática gerencial do comportamento de aprendizagem em *single-loop*, o gerente busca resolver um problema visando evitar o surgimento de conflitos e manter o curso de suas ações diárias. A estabilidade e a manutenção do *status quo* são aspectos relevantes para a atuação do gerente. O comportamento que predomina na prática gerencial é o focado nas tarefas. Já na aprendizagem em *double-loop*, existe a capacidade de reflexão, a necessidade de buscar novas alternativas para gerenciar os conflitos e também lidar com as contingências de forma mais proativa, estimulando a criatividade. **A mudança é um processo natural da prática gerencial e a reflexão na ação passa a ser determinante no desenvolvimento individual e da equipe de trabalho.** O comportamento que predomina na prática de gerentes que valorizam e difundem a aprendizagem em *doubleloop* é mais voltado para as relações e para a mudança, discutidos no Capítulo 1.

Os aspectos determinantes para a implantação de um programa de aprendizagem gerencial envolvem a tríade *educação, desenvolvimento* e *prática gerencial* que incentivem a reflexão na ação. Ao avaliar sua trajetória profissional, um gerente percebe que as experiências mais significativas e ricas em aprendizagem foram aquelas em que houve a troca de experiências, em que os comportamentos vivenciados o levaram a viver sensações que o

---

28 ARGYRIS; SCHON, 1974.

marcaram e hoje servem de referência para as suas ações. **Quanto mais reflexiva e focada na ação for a prática gerencial, maior a capacidade de potencializar o desenvolvimento e a aprendizagem.**

O conceito de reflexão na ação foi proposto por Schon[29] para ajudar as pessoas a lidar com o conhecimento que muitas vezes é tácito e difícil de ser estruturado. "[...] às vezes, através da observação e da reflexão sobre nossas ações, fazemos uma descrição do saber tácito que está implícito nelas. Nossas descrições serão de diferentes tipos, dependendo de nossos propósitos e das linguagens disponíveis para essas descrições."[30]

A reflexão na ação, para o autor, é um processo que envolve uma reflexão sobre nossas ações, tentando descobrir como o ato de conhecer-na-ação contribuiu para determinado resultado inesperado. Um prático pode refletir sobre as normas tácitas e apreciações que são a base do julgamento, ou sobre as estratégias e teorias implícitas nos padrões de comportamento. Ele pode refletir sobre os sentimentos em uma situação que o levou a adotar um direcionamento específico para a ação, sobre a maneira utilizada para estruturar um problema que tentou resolver, ou ainda sobre o papel construído por ele dentro de um contexto institucional mais amplo.[31]

No seu estudo com gerentes, Tamkin e Barber[32] abordam como os gerentes aprendem. Eles afirmam que os gerentes aprendem por meio de uma ampla variedade de experiências e

---

29 SCHON, D. A. *Educando o profissional reflexivo*: um novo design para o ensino e a aprendizagem. Porto Alegre: Artes Médicas Sul, 2000.; SCHON, D. A. *The reflective practitioner*: how professionals think in action. Nova York: Basic Books, 1983.
30 SCHON, 2000, p. 31.
31 SCHON, 1983.
32 TAMKIN; BARBER, 1998, p. 26-30.

oportunidades. Quando questionados em relação às suas percepções de como têm aprendido, freqüentemente mencionam experiências associadas ao desenvolvimento formal, mas também outras menos formais, como aprender com os outros, as situações de trabalho e a reflexão.

A reflexão ajuda o gerente a demonstrar uma maior consciência da apreciação da experiência da aprendizagem. Para alguns gerentes, não houve uma mera articulação da experiência da aprendizagem, mas também uma atenção interna deliberada para ela e uma integração da experiência em si mesma, que envolve ações do tipo "aprender fazendo" e "aprender errando."[33]

4.4 O processo de aprendizagem de gerentes

A APRENDIZAGEM OCORRE DE VÁRIAS MANEIRAS e em diferentes níveis, mas sempre de forma complexa.[34] Essa complexidade inerente à natureza humana e à sua relação com o mundo demanda a necessidade de considerar os diferentes contextos nos quais as pessoas vivem e trabalham, com o intuito de tentar compreender melhor como se efetiva a aprendizagem.

O que alguém necessita ou quer aprender, quais as oportunidades disponíveis, a maneira como as pessoas aprendem, são determinados pela sociedade em que as pessoas vivem.[35] O que isso significa? Que o processo de aprendizagem não ocorre de

---

33 TAMKIN; BARBER, 1998, p. 29.
34 STACEY, R. *Pensamento estratégico e gestão da mudança.* Lisboa: Dom Quixote, 1998.
35 MERRIAM; CAFFARELLA, 1991.

forma estruturada e objetiva apenas em um ambiente formal, seja ele a escola, a universidade ou o ambiente de treinamento. Ao longo da vida, as pessoas passam por várias experiências que vão delineando seus esquemas individuais, que influenciarão a sua visão de mundo, suas atitudes e seus comportamentos diante de determinadas situações.

As características individuais de um gerente, por exemplo, são influenciadas pela família. Nossos pais estabelecem padrões de conduta e de comportamentos que podem interferir no estilo de liderança, na assertividade, na iniciativa, no senso de planejamento e organização do trabalho, entre outros. **Não podemos perceber o ambiente formal de aprendizagem numa perspectiva voltada apenas para o desenvolvimento cognitivo, uma vez que existem dimensões sociais e afetivas que também devem integrar o processo de desenvolvimento de um gerente.** A prática de um esporte, por exemplo, pode contribuir para o raciocínio lógico, analítico e dedutivo, mas também nos leva a desenvolver um senso de disciplina, de perseverança, determinação e força de vontade, fundamentais para nossa vida pessoal e profissional.

À medida que um gerente desempenha sua função e sistematiza suas práticas na organização, não limita seu aprendizado à obtenção de competências ou à formação de relacionamentos, mas aprende a pensar, a sentir e a se avaliar como gerente.[36] Nesse sentido, Andion destaca que "o exercício da gerência e seu aprendizado pressupõem a vivência e o confronto de múltiplas identidades. Esse aprendizado não se dá

---

36 HILL, L. A. *Novos gerentes*: assumindo uma nova identidade. São Paulo: Makron Books, 1993.

de forma linear e cognitiva, mas passa pela vivência e pela reflexão constantes a respeito das experiências."[37] No estudo realizado com gerentes, Tamkin e Barber[38] concluíram que eles aprendem por meio de uma ampla variedade de experiências e oportunidades.

Podemos aprender a ser gerente no papel de colaborador, pela observação da ação dos gerentes que coordenam o trabalho de uma equipe – a postura e a maneira como se relacionam, além da troca de conhecimentos que deve existir entre o gerente e sua equipe de colaboradores. Por outro lado, também aprendemos com os gerentes que coordenam uma equipe como não ser gerente. Todas as experiências vividas no ambiente de trabalho são fontes de aprendizado, mas precisamos desenvolver a capacidade de perceber o ambiente e observar os gerentes em ação e refletir sobre as situações profissionais, uma vez que **uma competência é adquirida ou potencializada quando o gerente amplia as suas experiências, à medida que aumenta a sua vivência de situações profissionais, utilizando não só os conhecimentos adquiridos na sua formação educacional, mas também as experiências vividas no trabalho e na vida pessoal.**

Muitos gerentes enfrentam situações que exigem responsabilidades muitas vezes antagônicas, atuando, ao mesmo tempo, em uma rede de relacionamentos com pares, subordinados, superiores e agentes externos à organização. O processo de aprendizagem gerencial, pela diversidade de experiências e

---

37 ANDION, C. Ser ou estar gerente: reflexões sobre a trajetória e o aprendizado gerenciais. In: XXVI Enanpad, 2002, Salvador-BA. Anais do XXVI Enanpad. Rio de Janeiro: Anpad, 2002, p. 14.
38 TAMKIN; BARBER, 1998.

interações que oportuniza ao indivíduo, leva ao estabelecimento de um novo perfil para o gerente, com atributos e/ou comportamentos que o tornam um aprendiz.[39]

Um gerente aprendiz é aquele que procura refletir sobre suas experiências na ação profissional. O seu sucesso não depende apenas de um conjunto de conhecimentos e habilidades, mas da capacidade de lidar com os eventos, refletindo sobre sua postura profissional, buscando *feedbacks* sobre seu desempenho e desenvolvendo capacidade de adaptação numa perspectiva evolutiva, de crescimento pessoal e profissional. **O processo de aprendizagem está intimamente vinculado à construção de um processo de renovação de valores, atitudes e conduta profissional.**

A capacidade de aprender do gerente depende de fatores socioculturais, biográficos, históricos e estruturais.[40] A nossa história pode nos ensinar muito sobre o que e como aprendemos ao longo de nossas vidas. Essa trajetória de vida rica em situações de aprendizagem indica que cada pessoa pode aprender de forma diferente e também que o resultado desse trajeto ajuda a entender o processo de desenvolvimento e a ação gerencial.

Em uma pesquisa realizada com gerentes, Tamkin e Barber[41] perceberam que cada um deles atribuiu conceitos vinculados à aprendizagem, que foram agrupados em quatro perspectivas:

---

39 HILL, 1993.
40 DEWEY, J. *Democracia e educação*: introdução à filosofia da educação. 4. ed. São Paulo: Nacional, 1979.; MERRIAM; CAFFARELLA, 1991.; RUDERMAN, M. N.; OHLOTT, P. L. *Learning from life*: turning life's lessons into leadership experience. North Carolina: Center for Creative Leadership, 2000.; MCLEOD, H. Teachers' working knowledge: the value of lived experience. *ultiBASE Articles*, p. 1-10, nov. 2001.
41 TAMKIN; BARBER, 1998, p. 24.

a APRENDIZAGEM VISTA COMO UM PROCESSO, que se refere a algo que aconteceu como resultado de outra atividade. A aprendizagem associada à maneira como os gerentes desenvolviam o seu trabalho e às mudanças associadas a ele, ou como resultado de cursos de treinamento ou de ouvir ou observar os outros.

b APRENDIZAGEM COMO AQUISIÇÃO de técnicas, habilidades, conhecimentos e teorias.

c APRENDIZAGEM COMO MUDANÇA, que envolve a visualização da aprendizagem como crescimento e adaptação; pensar mais amplamente; progresso pessoal; tornar-se uma pessoa melhor; mudança de atitude.

d APRENDIZAGEM COMO COMPREENSÃO de como os outros pensam, sentem e compreendem as diferenças entre os indivíduos.

Essas quatro perspectivas nos ajudam a estabelecer um processo de aprendizagem de forma integrada e cada pessoa, no papel de gerente, tem uma maneira única de realizar o seu trabalho. Sua ação é influenciada por técnicas, conhecimentos e teorias adquiridos em sua educação gerencial, assim como pelo desenvolvimento de habilidades. Nesse processo, a observação sobre a atuação de outras pessoas, além das sensações e da reflexão, ajuda a desenvolver uma compreensão de que as diferenças individuais e o autoconhecimento influenciam a aprendizagem de gerentes. **O resultado de todo o processo de aprendizagem desencadeia uma mudança de atitude na forma de pensar, de agir e de ser gerente.**

As quatro perspectivas podem ser consideradas no desenvolvimento de programas que fomentem a aprendizagem dos gerentes no ambiente empresarial, desde que abordadas de forma integrada. Portanto, observa-se que **o processo de aprendizagem de gerentes é complexo e implica o desenvolvimento de programas de aprendizagem que considerem o papel do contexto, da reflexão e da troca de experiências entre os agentes nele envolvidos.** Como a aprendizagem gerencial pode ser inserida no contexto das organizações?

4.5 **A aprendizagem de gerentes em ação**

A APRENDIZAGEM DE GERENTES, numa perspectiva prática, está centrada no desenvolvimento de um processo de aprendizagem focado na ação no ambiente profissional. Como as empresas podem criar o ambiente necessário para fomentar a aprendizagem? Quais as premissas de um programa de aprendizagem focado na ação?

Algumas empresas vêm desenvolvendo programas centrados na aprendizagem em ação, que procuram incentivar a reflexão dos gerentes e de todos os agentes envolvidos nos processos de gestão empresarial. Segundo Marsick[42], a aprendizagem na ação foi desenvolvida por Revans. A proposta de Revans para a aprendizagem na ação tinha como objetivo desenvolver um sistema para o desenvolvimento da administração.

Segundo Marsick[43], um dos pressupostos básicos dessa teoria é que os gerentes devem refletir sobre suas experiências

---

42 MARSICK, V. Experience-based learning: executive learning outside the classroom. *Journal of Management Development*, v. 9, n. 4, p. 50-60, 1990.
43 MARSICK, 1990.

com os outros em projetos de aprendizagem para extrair uma teoria personalística da administração. A aprendizagem na ação ajuda no desenvolvimento de habilidades de administração geral e no pensamento estratégico quando os executivos necessitam exercer a liderança diante de problemas complexos que ainda não têm solução.

A emergência da aprendizagem na ação como uma abordagem popular foi intensificada na década de 1990 com dois objetivos principais: criar soluções para os problemas organizacionais e desenvolver o talento da administração. A aprendizagem na ação é uma abordagem baseada na experiência para pessoas que usam o trabalho em problemas significativos como uma maneira de aprender.[44]

A aprendizagem na ação deve ser usada quando a organização lida com problemas da vida real que não têm soluções claras. A aprendizagem na ação pode ser descrita como um processo social de gerentes e trabalhadores que atuam em conjunto para revisar, interpretar suas experiências e compreender as situações que os têm levado a solucionar problemas. Para ser efetivo, um programa centrado na aprendizagem na ação deve proporcionar o crescimento pessoal e organizacional.[45]

Marsick[46] afirma que apesar dos obstáculos muitas empresas estão utilizando a aprendizagem na ação de alguma forma, pois reconhecem que:

---

44 YORKS, L. The emergence of action learning. *Training & Development*, v. 54, n. 1, p. 56, jan. 2000.
45 DE LOO, I.; VERSTEGEN, B. Does action learning lead to organizational growth? *Mid-Atlantic Journal of Business*, v. 37, n. 1, p. 55-64, mar. 2001.
46 MARSICK, 1990, p. 60.

a os executivos devem descobrir muitas respostas no mundo de hoje por meio do exame de suas próprias experiências;

b as empresas não podem sobreviver em um mundo repleto de desafios sem uma nova forma de desenvolver e manter uma equipe que a aprendizagem na ação efetivamente adota;

c a aprendizagem na ação é mais eficiente do que a aprendizagem isolada porque abrange um tipo de grupo guiado que facilita a tentativa e o erro.

O que torna a aprendizagem na ação única é o uso de problemas reais e dilemas. Tais problemas são estruturados como questões que são reestruturadas por meio de ciclos de ação e reflexão.[47] É um processo que envolve a busca do conhecimento a respeito do trabalho, mas também o autoconhecimento, por meio das atividades realizadas na organização.

> O processo de *conhecer-na-ação* de um profissional tem suas raízes no contexto social e institucionalmente estruturado do qual compartilha uma comunidade de profissionais. *Conhecer-na-prática* é exercitado nos ambientes institucionais particulares da profissão, organizados em termos de suas unidades de atividade características, seus tipos familiares de situações práticas e limitado ou facilitado por seu corpo comum de conhecimento profissional e de seu sistema apreciativo.[48]

O sistema apreciativo abrange um conjunto de valores, preferências e normas que auxilia as pessoas a compreender

47 YORKS, 2000.
48 SCHON, 2000, p. 36.

situações práticas, auxiliando na formulação de objetivos e diretrizes para a ação, determinando o que constitui uma conduta social aceitável.[49]

A ênfase colocada pelo autor no contexto social demonstra a sua importância na aprendizagem das pessoas nas organizações, como veremos no Capítulo 6.

A aprendizagem ocorre por meio da prática, e sua meta é descobrir o que fazer, quando e como fazer, usando rotinas e artefatos; é um processo que ocorre em grupo (entre e por meio de outras pessoas).[50] Essa perspectiva destaca a importância do grupo no processo de aprendizagem gerencial, mas a aprendizagem inicia-se no nível individual e, como adultos, os gerentes devem assumir o papel de direcionadores do próprio processo de aprendizagem. Assim, torna-se essencial discutir o processo de aprendizagem dos gerentes como uma atividade autodirecionada.

4.6 Aprendizagem como uma atividade autodirecionada

UM DOS GRANDES PRECURSORES DA APRENDIZAGEM autodirecionada foi Knowles, por considerar que os adultos, quando maduros, aumentam sua capacidade de autodireção. Ele ainda estabelece que a aprendizagem autodirecionada não é um processo isolado, mas freqüentemente suscita colaboração e apoio entre aprendizes, professores e pares. Os passos para a

49 SCHON, 2000.
50 GHERARDI *et al.*, 1998.

aprendizagem autodirecionada, de acordo com Knowles[51], são os seguintes:

- **(a)** diagnosticar as necessidades de aprendizagem;
- **(b)** estabelecer metas de aprendizagem;
- **(c)** identificar recursos humanos e materiais para a aprendizagem;
- **(d)** escolher e implementar estratégias apropriadas de aprendizagem;
- **(e)** avaliar os resultados da aprendizagem.

No ambiente empresarial, esse processo é difícil de ocorrer de forma linear. Nesse sentido, percebe-se que **o gerente, ao utilizar os princípios da aprendizagem autodirecionada, deve levar em consideração a influência de fatores contextuais, bem como estar consciente dessa não-linearidade do processo.**

Como os adultos aprendem sozinhos tem sido a principal área de investigação dos pesquisadores interessados na aprendizagem autodirecionada. Inicialmente, vários estudos assumiram que o processo de aprendizagem autodirecionada era similar, em natureza, aos processos formais de aprendizagem, pois também seguiam um padrão de linearidade, estabelecendo metas e objetivos, alocando recursos, escolhendo estratégias de aprendizagem. Posteriormente, novos estudos mostraram que o processo não ocorria de forma linear nem seguia os mesmos passos.[52]

---

51 KNOWLES *apud* MERRIAM; CAFFARELLA, 1991, p. 46.
52 MERRIAM; CAFFARELA, 1991, p. 44.

A aprendizagem autodirecionada "é uma forma de estudo na qual os aprendizes têm uma responsabilidade primária pelo planejamento, realização e avaliação de suas próprias experiências."[53] Ela ocorre dentro e fora dos programas de aprendizagem, o que a torna parte integrante da vida adulta.

Os aprendizes efetivos, autodirigidos, têm a iniciativa na descoberta do que precisam aprender. São pessoas conscientes das suas necessidades e com senso de orientação para definir a direção da aprendizagem. A aprendizagem autodirecionada requer que o indivíduo seja o educador e o aprendiz ao mesmo tempo.[54]

Aprender por si próprio não quer dizer aprender sozinho. **No ambiente empresarial, por exemplo, os gerentes podem aprender com seus pares e subordinados. É um espaço social rico em oportunidades de aprendizagem, mas também é um terreno que pode apresentar várias barreiras organizacionais, grupais e individuais à aprendizagem.**

O controle, a liberdade e a flexibilidade são os principais fatores motivadores para o engajamento na aprendizagem autodirecionada.[55]

Um estudo realizado com 21 gerentes seniores revelou que o foco dos esforços da aprendizagem autodirecionada foi em aprender a fazer o que fosse necessário para informar seus julgamentos e guiar suas decisões na execução de suas tarefas. Nesse processo, eles não só adquiriam novos conhecimentos e

---

53 MERRIAM; CAFFARELA, 1991, p. 41.
54 DECHANT, K. Knowing how to learn: the "neglected" management ability. *Journal of Management Development*, v. 9, n. 4, p. 40-9, 1990, p. 42.
55 MERRIAM; CAFFARELLA, 1991, p. 44.

COMO OS GERENTES APRENDEM?

habilidades, mas serviam como principais condutores para direcionar o novo conhecimento.[56] O estudo também revelou que a aprendizagem autodirecionada, como praticada pelos gerentes, ocorreu de duas formas:

- **a** gerou técnicas para identificar metas, selecionar e perseguir as experiências de aprendizagem e avaliar o progresso;
- **b** modificou a consciência na qual o conhecimento é considerado contextual e relativo. Valores pessoais e crenças são vistos como culturalmente relacionados, e o resultado altera a perspectiva usada para determinar decisões e ações que produzem mudança pessoal e organizacional.

Vale ressaltar que esse processo depende de uma série de variáveis, tais como: as motivações do aprendiz, as circunstâncias nas quais ele descobre a si, sua habilidade em conduzir a aprendizagem, o conhecimento prévio e a experiência com o conteúdo que será aprendido.[57]

4.7 Programa de Aprendizagem Gerencial

TOMANDO COMO REFERÊNCIA o que foi discutido neste capítulo, foi elaborada uma proposta para a implantação de um Programa de Aprendizagem Gerencial (PAG), que compatibiliza as várias perspectivas teóricas e práticas da aprendizagem e será apresentado a seguir. Vale ressaltar que o **objetivo da apresentação**

56 DECHANT, 1990.
57 MERRIAM; CAFFARELLA, 1991.

da proposta é levar o leitor a perceber como os aspectos abordados até o momento podem ser difundidos no contexto da ação profissional, e que esse processo de aprendizagem pode sofrer ajustes em função do contexto, do público-alvo e dos objetivos de cada proposta.

Nesse sentido, não podemos esquecer que o processo de aprendizagem envolve a educação de adultos e isso implica levar seus participantes a aderir a ele de forma voluntária. O processo deve propiciar ações em que os participantes se sintam motivados e autodirecionem a aprendizagem, incentivando a participação e a colaboração e utilizando as experiências vivenciadas na prática gerencial como fonte para a reflexão, estabelecendo vínculos entre a aprendizagem individual e a coletiva.

O programa também deve seguir uma orientação de aprendizagem mais voltada para uma perspectiva interacionista, com atividades vinculadas à educação e ao desenvolvimento gerencial, integrando treinamento e ação, com o objetivo de fomentar o conhecimento de teorias, métodos e técnicas para o desenvolvimento e a operacionalização dos processos gerenciais, mas também propiciar o desenvolvimento da visão sistêmica e a reflexão sobre as atitudes, os comportamentos no contexto gerencial e também o autoconhecimento.

Todos os processos e níveis abordados no capítulo sobre a aprendizagem organizacional também podem subsidiar a concepção, o planejamento, a implantação e a avaliação do Programa de Aprendizagem Gerencial, uma vez que o desenvolvimento gerencial deve conduzir ao crescimento e ao desenvolvimento organizacional.

PROGRAMA DE APRENDIZAGEM GERENCIAL (PAG)

O PROGRAMA DE APRENDIZAGEM GERENCIAL é um processo que envolve atividades de educação formal e ações de desenvolvimento focadas na ação. Um dos aspectos determinantes para o estabelecimento do programa está vinculado à definição dos princípios, objetivos e processos que nortearão a proposta.

Para a definição dos princípios e objetivos, devemos levar em consideração três premissas básicas: o contexto, a troca de experiências e a reflexão. O processo parte do pressuposto de que os participantes serão inseridos em um contexto no qual a aprendizagem ocorre em um ciclo de "ação e reflexão". O processo requer o desenvolvimento de uma metodologia que incentive o levantamento dos problemas institucionais e associe o estudo e a prática gerencial.

Etapas do PAG

1ª ETAPA: SELEÇÃO DOS PARTICIPANTES

A PRIMEIRA ETAPA DO PROGRAMA envolve a seleção dos participantes. Nesse momento, deve-se definir o perfil dos participantes e também os critérios utilizados para a formação do grupo. Aspectos como formação técnica, experiência profissional, tempo de atuação na empresa ou na área, além da motivação, podem ser balizadores para a delimitação desse perfil.

2ª ETAPA: *WORKSHOP* PARA IDENTIFICAR O PERFIL DOS PARTICIPANTES E DIAGNÓSTICO DO CONTEXTO

O *WORKSHOP* É A ETAPA ZERO DO PROCESSO e tem como objetivo identificar as responsabilidades, atribuições e competências dos gerentes que participarão do programa. Nesse momento, podem-se envolver especialistas que auxiliarão na condução do processo. Assim, por meio dessa atividade, espera-se traçar um perfil do grupo. Além disso, podem ser identificados os problemas no contexto da ação gerencial. Essas ações auxiliam na delimitação do escopo do PAG. O sucesso dessa etapa depende da participação e do comprometimento de todos os seus integrantes.

Nesta etapa podem ser realizadas seções de discussões em grupo ou ainda entrevistas individuais com cada participante. Ao final do processo, todos os resultados devem ser sistematizados e apresentados ao grupo. Se for necessário, os gerentes também recebem *feedback* individual.

3ª ETAPA: *DESIGN* DO PAG

COM BASE NOS RESULTADOS da segunda etapa do programa, ocorre a definição dos processos de aprendizagem, delimitando os conteúdos, as suas etapas, o cronograma e os facilitadores.

Vale ressaltar que a eficácia do *design* depende da combinação entre as necessidades de aprendizagem dos participantes, os problemas identificados no contexto da ação gerencial e também os objetivos e estratégias da organização.

A definição do método utilizado no processo de aprendizagem dos participantes do programa é o momento crucial desta etapa. O estudo da teoria e a vivência prática devem ser vistos como indissociáveis. Para isso, três momentos são fundamentais:

- ⓐ aprendizagem formal;
- ⓑ ciclo da ação e reflexão;
- ⓒ desenvolvimento de "comunidades" de aprendizes.

4ª ETAPA: EXECUÇÃO DO PROGRAMA DE APRENDIZAGEM GERENCIAL

O PROGRAMA DEVE SER IDEALIZADO para que cada participante exerça a reflexão e a aprendizagem na ação. A metodologia é pautada na troca de experiências vividas no contexto (ação e reflexão) em que cada participante ou grupo atua, por meio da identificação de problemas, da elaboração da implantação de um projeto vinculado ao escopo de atuação profissional. Os momentos da aprendizagem são apresentados a seguir.

▸ 1º Momento: Aprendizagem formal

A FORMAÇÃO TÉCNICA tem como objetivo o desenvolvimento de um processo de aprendizagem balizado pelo perfil dos participantes e pelo diagnóstico realizados na segunda etapa, visando potencializar ou aperfeiçoar as competências gerenciais dos participantes em seções de treinamento formal, além da difusão de métodos e técnicas de intervenção organizacional e de elaboração de projetos, o que os habilitará a elaborar um projeto voltado para o contexto da ação gerencial. A metodologia de projetos visa articular as atividades de aprendizagem estabelecidas para o grupo com as necessidades da organização.

No cronograma de implantação, deve-se prever o tempo necessário para a elaboração do projeto. Durante a elaboração, acontecerão encontros com facilitadores para orientar os participantes, além de discutir as principais dificuldades enfrentadas no período.

Cada participante deverá ter um diário de campo para relatar sua experiência durante a elaboração do projeto – destacando as sensações vivenciadas e as atitudes tomadas diante de adversidades, buscando refletir sobre a experiência – e indicar o que aprendeu durante o processo. O diário ajudará a desenvolver a capacidade reflexiva. Com base nas anotações, deve-se preparar um relato da experiência durante as seções de avaliação do andamento da elaboração do projeto.

Após a conclusão dos projetos, eles são discutidos de forma coletiva. Depois da apresentação, cada grupo terá de identificar potencialidades e fragilidades no projeto, apontando sugestões para seu aperfeiçoamento. Uma comissão poderá avaliar os resultados dos projetos. Com base nos resultados dessa etapa, serão definidas as seções para os próximos momentos de aprendizagem, além da formação dos grupos que participarão de tais momentos. A definição dos grupos pode ser realizada de forma aleatória, por complementaridade ou similaridade dos projetos. Para cada grupo, também deve ser definido um facilitador, que será responsável pelo acompanhamento da implantação do projeto.

2º Momento: Ciclo da ação e reflexão

As SEÇÕES DE APRENDIZAGEM do segundo momento serão definidas em função da experiência dos participantes no desenvolvimento do projeto de intervenção. Mediante o relato das dificuldades encontradas no momento da ação, das barreiras que dificultaram a aprendizagem, serão planejadas atividades didáticas centradas, sobretudo, nas competências gerenciais que precisam ser potencializadas ou desenvolvidas nos gerentes.

Paralelamente a esse processo reflexivo, centrado principalmente no comportamento e nas emoções de cada participante da equipe na ação, inicia-se a fase de implantação do projeto, que é de responsabilidade do seu proponente.

Durante a execução, serão promovidos encontros para refletir sobre o processo (terceiro momento da aprendizagem) com destaque para a troca de experiências entre os participantes do grupo. Nesse momento, cada um dos participantes também deverá relatar sua experiência na implantação do projeto – ressaltando as sensações emocionais vividas, suas reações e atitudes empreendidas diante de adversidades – e indicar o que aprendeu durante o processo. O diário de campo continua sendo relevante, pois ajuda na reflexão. Com base nas anotações nele feitas, elabora-se o segundo relato da experiência vivida na fase de implantação do projeto, que é apresentado aos demais participantes para troca de experiências, e encaminha-se o relatório para o facilitador do grupo.

3º Momento: Desenvolvimento de "comunidades" de aprendizes

O TERCEIRO E ÚLTIMO MOMENTO É implementado nos últimos dois meses do programa. Seu objetivo é desenvolver uma comunidade de aprendizes. Discutem-se alternativas para desenvolver visões compartilhadas, objetivos comuns e o comprometimento em prol da melhoria do desempenho das áreas em que os projetos estão sendo desenvolvidos. Devem-se priorizar, nesse momento, o pensamento sistêmico e a aprendizagem em grupo. Nessa fase, pode ser realizado um acompanhamento *in loco* para verificar a implantação dos projetos e promover uma reunião com toda a equipe envolvida.

Além de levar os participantes a vivenciar as competências em ação, cada momento da etapa de implantação do Programa de Aprendizagem Gerencial pode criar alternativas para envolver pessoas que não estão participando diretamente dele. Essa sistemática de trabalho objetiva incentivar a introdução de valores centrados na aprendizagem, criando um clima propício para a formação de equipes e a geração e difusão do conhecimento.

5ª ETAPA: AVALIAÇÃO DO PROGRAMA

A última etapa do programa envolve a realização de um fórum para apresentação dos resultados obtidos durante a fase de execução do projeto, uma reflexão sobre os resultados alcançados, as dificuldades enfrentadas pelos participantes e um relato das experiências vivenciadas de forma mais significativa. Para a avaliação do programa, podem-se adotar indicadores quantitativos e qualitativos voltados para a organização onde o projeto foi desenvolvido, tais como: nível de comprometimento dos participantes do projeto, número de projetos implantados e de ações realizadas, nível de satisfação dos participantes, impacto dos projetos na produção, comercialização ou prestação de serviços, desempenho econômico-financeiro, entre outros.

Do ponto de vista individual, alguns indicadores qualitativos envolvem as mudanças nas perspectivas de significado dos participantes sobre sua ação gerencial, que tiveram implicações em seus comportamentos e atitudes ao longo da implantação do projeto. Além disso, pode-se fazer uma análise individual das competências gerenciais identificadas na primeira etapa do programa e da experiência vivida ao longo da sua implantação. Isso ajuda os participantes a avaliar seu nível de desenvolvimento gerencial.

Um Programa de Aprendizagem Gerencial pode ter a duração de até dois anos e sofrer ajustes de acordo com o porte e o contexto da empresa, o perfil e o número dos participantes, os objetivos e também o escopo de abrangência do programa. Vale ressaltar que a descrição proposta pelo plano não é um fim em si, mas um caminho para implantar e difundir uma perspectiva de aprendizagem focada nos princípios da troca de experiências, da reflexão e do contexto.

Qualquer empresa ou gerente que deseje desenvolver ou participar de um programa capaz de fomentar a aprendizagem gerencial deve compreender os conceitos, princípios e diretrizes discutidos neste capítulo, seja no processo de elaboração, planejamento, implantação ou avaliação. **Hoje, fala-se muito que a pessoa é a responsável pelo próprio desenvolvimento, mas a organização também tem sua parcela de responsabilidade, uma vez que não se aprende apenas em um curso de formação ou aperfeiçoamento profissional, mas também na prática gerencial – e isso indica que a empresa deve criar um ambiente propício para que as pessoas aprendam.**

As experiências vividas pelos gerentes no ambiente pessoal ou profissional têm estreita ligação com a aprendizagem, sobretudo quando consideramos que ao viver uma experiência as pessoas expressam valores, atitudes, sensações. No próximo capítulo vamos discutir os vínculos entre experiência e aprendizagem.

Capítulo 5

Experiência, sucesso e aprendizagem de gerentes

As palavras "experiência" e "aprendizagem" estão intimamente relacionadas. **A experiência tanto pode ser adquirida mediante um processo de aprendizado sistemático, aprimorado no decorrer do tempo, como também é um conhecimento obtido de forma mais abrangente e não estruturada, adquirido ao longo da vida, por meio das relações sociais.** Tanto a aprendizagem como a experiência guardam certa similaridade com a palavra "prática", intimamente ligada à ação, ao desenvolvimento de uma capacidade. No Dicionário Houaiss da língua portuguesa, as palavras "experiência", "prática" e "aprendizagem" são sinônimas.

No ambiente empresarial, a palavra "experiência" está associada a um conhecimento prático de como atuar em determinada situação profissional. A experiência faz parte do saber prático do gerente na ação. Em determinada situação profissional, quando um gerente aplica um conhecimento já experienciado em outras situações no gerenciamento de uma equipe ou em um processo de tomada de decisão, demonstra que possui competência gerencial.

Neste capítulo, vamos abordar como a experiência contribui para o processo de aprendizagem gerencial e consequentemente para o desenvolvimento de competências. **De uma abordagem multidimensional, vamos ampliar a visão de experiência do campo profissional para o contexto da vida, uma vez que não existe apenas uma dimensão experienciada por um profissional no contexto das organizações, mas suas experiências vividas em todos os espaços sociais que proporcionam situações de aprendizagem ricas em significados, que trazem contribuições para a prática gerencial.**

Inicialmente, vamos discutir os vínculos entre experiência, sucesso e aprendizagem para, em seguida, destacar como a experiência contribui para o desenvolvimento da aprendizagem. Procuramos ilustrar, ainda, alguns vínculos entre esses dois aspectos (experiência e aprendizagem), tais como a reflexão, o sofrimento, o autoconhecimento, com a intenção de alertar os profissionais que a vida é rica em situações de aprendizagem e que nas sinapses entre as experiências vividas em coletividade podem estar as respostas para o desenvolvimento de competências profissionais e a chave para o "sucesso".

5.1 Carreira, sucesso e gerência

O QUE VEM A SER UMA CARREIRA BEM-SUCEDIDA? O que significa o sucesso? Vivemos num ambiente em que muitos atribuem o sucesso ao dinheiro, ao *status* social e a uma carreira bem-sucedida. Vamos supor que se tenha tudo isso, mas a vida pessoal ande meio desestruturada. Falta tempo para a família, para os amigos e para os projetos pessoais. E agora, o que fazer diante dessa situação?

> O conceito de sucesso funciona, muitas vezes, como fonte de equívocos – e de ação equivocada. Isso ocorre porque há uma definição social de sucesso que inclui três ingredientes: dinheiro, fama e poder. Primeiro, se essas três coisas bastassem, seríamos obrigados a admitir que um traficante poderia atingir o sucesso. Ele pode ter fama, como marginal que se destaca, poder, com base até na violência, e dinheiro. Mas só uma sociedade muito desestruturada diria que ele tem sucesso.[1]

Xavier também destaca que, se é necessário ter esses três ingredientes para obter sucesso, várias pessoas ficariam de fora e não poderiam ser consideradas bem-sucedidas. Será que uma pessoa que desenvolve um trabalho voluntário de grande valor para a sociedade não é bem-sucedida? Ela pode não ter fama, dinheiro, *status* e poder, mas tem a satisfação pessoal de ajudar o próximo e se sente bem por isso.

> O conceito social de sucesso é inadequado. Se o profissional acreditar e o perseguir sem questionamento, provavelmente experimentará, mais cedo ou mais tarde, uma sensação de frustração e inadequação em sua vida, porque dinheiro, fama e poder não são suficientes.[2]

---

1 XAVIER, R. A. P. *Sua carreira*: planejamento e gestão. São Paulo: Prentice Hall, 2006, p. 3.
2 XAVIER, 2006, p. 3.

Rego e Carvalho[3] destacam que existem motivos que levam as pessoas a agir de acordo com predisposições internalizadas por meio de um processo de socialização. Eles citam três motivos a partir de estudos realizados por autores como McClelland e seus seguidores: o sucesso, a afiliação e o poder. Tem autores no campo das organizações que denominam o fator "sucesso" de "realização".

> O motivo de *sucesso* representa uma orientação para a excelência, uma preferência por riscos moderados, a procura de *feedback* tendo em vista melhorar o desempenho. As pessoas fortemente motivadas para o sucesso tendem a ser "irrequietas" na sua atividade e a ser bem-sucedidas como empreendedoras.[4]

Essas pessoas com forte orientação para o sucesso aspiram a metas elevadas de forma realista. Elas respondem positivamente à competição; tomam iniciativa; sentem-se melhor desenvolvendo tarefas em que são responsáveis pelos resultados e assumem riscos moderados.[5] Essa abordagem em torno dos motivos que orientam as ações das pessoas tem como foco o comportamento.

As pessoas precisam ter consciência de que o trabalho não deve ser apenas uma fonte de dinheiro, poder e *status* social. Ele também deve ser uma fonte de prazer, de bem-estar, de equilíbrio entre as dimensões física, mental e social. **Não adianta**

---

3   REGO, A.; CARVALHO, T. Motivos de sucesso, afiliação e poder: evidência confirmatória do constructo. *Psicologia: teoria e pesquisa.* Brasília, v. 18, n. 1, p. 17-26, jan.-abr. 2002, p. 1.
4   REGO; CARVALHO, 2002.
5   REGO; CARVALHO, 2002.

ter dinheiro, *status* e poder e ser uma pessoa emocionalmente dese-quilibrada, com problemas familiares e sem tempo para o lazer e tam-bém para si.

A minha preocupação é inserir uma visão de sucesso mais ampla, que envolva as várias dimensões das pessoas e também contemple as dimensões econômicas, comportamentais e sociais, o que indica a necessidade de expandir a definição de sucesso.

Existem vários aspectos que podem contribuir para uma definição mais ampla de sucesso, como ilustra o Quadro 5.1:

QUADRO 5.1 – Fatores associados ao sucesso

TRABALHO DE VALOR	Sentir que seu trabalho é útil para a sociedade, sentir-se alguém de valor graças a ele.
GRATIFICAÇÃO NO TRABALHO	Ter gosto pelo que faz no trabalho. A pessoa consegue obter satisfação e prazer quando envolvida com o trabalho.
EFICIÊNCIA NO TRABALHO	Desempenhar um trabalho a contento, satisfazendo as expectativas de clientes ou empregadores, mantendo assim a sua empregabilidade.
REALIZAÇÃO ECONÔMICA	Atingir metas econômicas coerentes com uma remuneração adequada de seu talento, de seus esforços e recursos.
CRESCIMENTO	Tornar-se capaz de compreender a vida e as pessoas, de ampliar suas qualidades pessoais, de usufruir mais daquilo que tem.
EQUILÍBRIO E HARMONIA	Manter um equilíbrio adequado entre as várias facetas da vida: profissional, afetiva, social.

FONTE: BASEADO EM XAVIER (2006, p. 4-5).

Todos esses aspectos ilustram que pensar em sucesso nos dias de hoje é muito mais complexo do que no passado, sobretudo quando ele está relacionado com a carreira.

Muitos gerentes trabalham na busca do sucesso e tal busca acaba tornando-os seres unidimensionais. A palavra "sucesso" pode ter vários significados para as pessoas, mas existe um aspecto comum, e isso inclui os gerentes, que é o seguinte: todos querem ser bem-sucedidos. Mas **o sucesso é relativo porque envolve valores pessoais. Cada pessoa tem uma visão de mundo e estabelece uma autoimagem que representa a maneira como percebe o sucesso.**

Recentemente, um estudo realizado entre gerentes que atuam em uma empresa do setor elétrico de uma cidade do Sul do Brasil, todos do sexo masculino, procurou compreender o que, para eles, é ser uma pessoa de sucesso e também qual a percepção que se tem de um gerente de sucesso.[6] No quadro abaixo, são apresentados os resultados da pesquisa.

QUADRO 5.2 – Significados de sucesso e percepção de pessoa de sucesso

SIGNIFICADOS DE SUCESSO	PERCEPÇÃO DE PESSOA DE SUCESSO
• Ser feliz. • Conviver com a família. • Ter responsabilidades. • Desempenho. • Reconhecimento (inclusive da família). • Equilíbrio entre trabalho e família. • Respeito. • Remuneração. • É contínuo.	• Fazer o que gosta. • Levar a vida com dignidade e honestidade (valores adquiridos da família originária). • Conciliar a sua vida pessoal e social. • Ser reconhecido e respeitado. • Viver bem. • Ter responsabilidade. • Realizar o trabalho de forma bem feita. • As pessoas sentirem orgulho do seu trabalho. • Os subordinados sentirem prazer em trabalhar com ele. • Ser valorizado. • Ver-se como detentor de poder.

FONTE: SILVA, J. V. A *et al.*, 2007, p. 44.

---

6 SILVA, J. V. A. *et al.* O significado de sucesso para os gerentes de uma empresa multinacional. *Facef Pesquisa*, v. 10, n. 1, p. 35-46, 2007.

Ao analisar o quadro, percebemos que os gerentes relacionam o sucesso às suas responsabilidades e recompensas como gerentes, mas também o vinculam a reconhecimento, felicidade, prazer, orgulho, valores pessoais e experiências vividas em família. Um aspecto que chama a atenção envolve a questão do equilíbrio e da conciliação entre trabalho e vida social. Essas questões são centrais na vida das pessoas em função das dificuldades enfrentadas pelos gerentes em compatibilizar o tempo nos vários espaços sociais (trabalho e vida pessoal). **O "viver bem" atribuído pelos gerentes pode estar relacionado às recompensas financeiras e sociais, mas também ao equilíbrio físico, mental e social, e isso passa pelas relações em família.** Fica evidente a preocupação dos gerentes em ampliar o conceito de sucesso para além da dimensão profissional.

Outro ponto evidenciado no estudo é atribuir o significado de sucesso à noção de continuidade. Será que conseguimos obter sucesso de forma contínua em nossas vidas? Isso vai depender do que significa sucesso para cada pessoa.

Quick *et al.*[7] também abordaram a questão do sucesso dos gerentes e destacam que **pessoas bem-sucedidas se utilizam de redes de apoio para ajudá-las a sustentar o sucesso e a gerenciar demandas pessoais e o estresse com um mínimo de angústia.** Essas pessoas sabem reconhecer suas limitações e formam relacionamentos que as ajudam a superar as dificuldades. Já as pessoas que não conseguem ampliar sua rede de relações podem deparar com problemas, e isso pode gerar ansiedade e até dificultar os relacionamentos pessoais e profissionais.

---

7 QUICK, J. D. *et al.* Successful executives: how independent? *Academy of Management Executive.* v. 1, n. 2, p. 139-45, mai 1987.

As pessoas bem-sucedidas também sofrem estresse, angústia, limitações pessoais, superação de dificuldades e ansiedade. A diferença é que elas têm consciência das suas capacidades e também reconhecem que o sucesso não depende apenas de suas qualidades pessoais, mas também da criação de uma rede de relacionamentos. Isso indica que **a busca do autoconhecimento é uma forma de as pessoas se conscientizarem de que o sucesso não pode ser um fim, mas conseqüência do desenvolvimento de competências, desenvolvidas por meio de um processo de aprendizagem e de experiências nas várias esferas da vida.**

Tamkin e Barber[8] destacam a importância do reconhecimento de forças e fraquezas dos gerentes para lidar melhor com situações que envolvem pressão, e também para ajudá-los a aprender algumas técnicas que podem utilizar para superar sua relutância em lidar com conflitos, por exemplo.

Para os gerentes, uma rede sólida de relações fora do trabalho é fundamental para lidar com novos desafios e trabalhar seus pontos fracos e fortes.[9]

Vale ressaltar que, **em vez de refletir sobre forças e fraquezas, qualidades ou defeitos, deve-se procurar pensar que cada pessoa tem características que podem facilitar ou dificultar o desenvolvimento de uma atividade profissional, um relacionamento social ou até a maneira como enxerga a vida.**

Algumas questões que os gerentes devem levar em conta na formação de relacionamentos saudáveis foram apresentadas

---

8 TAMKIN, P.; BARBER, L. Learning to manage. *Institute for Employment Studies Reports*, report 345, 1998.
9 RUDERMAN, M. N.; OHLOTT, P. L. *Learning from life*: turning life's lessons into leadership experience. North Carolina: Center for Creative Leadership, 2000.

por Quick *et al.*[10] Eles consideram que a formação de uma rede de relacionamentos é um fator-chave para alguém que almeja ser bem-sucedido. São elas:

a) Você faz um grande esforço para trabalhar sozinho?

b) Seu trabalho é a coisa mais importante da sua vida?

c) Você regularmente e facilmente gasta tempo com outras pessoas durante o seu dia de trabalho?

d) A sua vida pessoal (em casa) é saudável e feliz?

e) Você tem um ou dois interesses principais fora do trabalho?

f) Você acha que é o único que pode fazer o trabalho corretamente?

g) Você evita depender de outras pessoas porque se sente pressionado por elas?

h) Você pede ajuda quando precisa?

i) Você suspeita freqüentemente dos motivos e intenções de outras pessoas?

Responder a essas questões e refletir sobre elas pode ser uma experiência interessante, uma vez que pode ajudá-lo a compreender a sua relação com o trabalho e a entender o significado de sucesso. **Cada pessoa deve ter consciência do que deseja para sua carreira, incluindo aí não só a carreira profissional, mas também a familiar e a pessoal.** Em sua trajetória de vida, cada pessoa tem experiências. Qual a relação entre a experiência e a aprendizagem?

---

10 QUICK *et al.*, 1987, p. 139.

5.2 Os vínculos entre experiência e aprendizagem

UM VÍNCULO ESTABELECE UMA LIGAÇÃO ENTRE, no mínimo, dois aspectos. Numa perspectiva prescritiva, o vínculo está associado a uma relação de causa e efeito, mas também podemos afirmar que um vínculo pode ser estabelecido pelo relacionamento entre duas ou mais pessoas. Nesse sentido, não se pode estabelecer, *a priori*, como se dá essa relação de uma perspectiva prescritiva, apesar de muitas relações serem reguladas pelos sistemas sociais, em função da subjetividade humana. Esta seção procura ilustrar os vínculos entre a experiência e a aprendizagem mediados pela educação, aqui definida com base em John Dewey (1859–1952), um dos grandes filósofos da educação moderna, como "o processo de reconstrução e reorganização da experiência, pelo qual lhe percebemos mais agudamente o sentido, e com isso nos habilitamos a melhor dirigir o curso de nossas experiências futuras."[11]

A relação entre experiência e aprendizagem é bem estabelecida na literatura e na prática da educação de adultos, e as experiências vividas, na ótica de vários autores, envolvem tanto estímulos como recursos para aprendizagem.[12]

Lindeman considera que "o recurso de mais alto valor na educação de adultos são as experiências dos aprendizes. Se a educação é para a vida, então vida é também educação."[13] Essas

---

11 TEIXEIRA, A. A pedagogia de Dewey. In: DEWEY, J. *Vida e educação*. 8. ed. Tradução e estudo preliminar por Anísio Teixeira. São Paulo: Melhoramentos, 1973, p. 17.
12 MERRIAM, S. B.; YANG, B. A longitudinal study of adult life experiences and developmental outcomes. *Adult Education Quarterly*, v. 46, n. 2, p. 62-81, inverno 1996.
13 LINDEMAN, E. C. *The meaning of adult education*. Nova York: New Republic, 1926, p. 3.

considerações podem ser complementadas por Dewey ao afirmar que "a vida é um processo que se renova a si mesma por intermédio da ação sobre o meio ambiente [...] toda a prática social que seja vitalmente social ou vitalmente compartilhada é por sua natureza educativa."[14] Essas considerações ilustram que o processo de aprendizagem é educativo e também está vinculado à prática social. **As pessoas podem aprender por meio das experiências vividas ao longo da vida.**

Podemos observar que aqui é delimitado um processo de aprendizagem que segue uma orientação centrada no paradigma construtivista. Isso não implica abandonar as outras correntes de aprendizagem, focadas em processos lógicos e estruturados ou comportamentais, mas incorpora outra maneira de entender o processo de aprendizagem, muito mais complexa e integrada, sobretudo no contexto atual das organizações, uma vez que, no caso dos gerentes, a sua ação é rica em situações de aprendizagem e **o desenvolvimento de competências não é apenas um processo lógico, estruturado, mas envolve comportamentos, relações sociais, e também é um processo reflexivo e introspectivo, que culmina em mudanças nas perspectivas de significado.**

As ponderações acima destacam três aspectos-chave: educação, experiência e aprendizagem. Há uma estreita relação entre esses construtos e essa inter-relação pode ser considerada um fator-chave na tentativa de compreender os vínculos entre experiências vividas no trabalho e na vida pessoal e a aprendizagem de gerentes.

---

14 DEWEY, J. *Democracia e educação:* introdução à Filosofia da Educação. 4. ed. São Paulo: Nacional, 1979, p. 1; p. 6.

Na introdução da obra *Vida e educação*, de John Dewey[15], Anísio Teixeira faz uma síntese da teoria da educação de Dewey, e um dos seus questionamentos é o seguinte:

> Ora, se a vida não é mais que um tecido de experiências de toda sorte, se não podemos viver sem estar constantemente sofrendo e fazendo experiências, é que a vida é toda ela uma longa aprendizagem. Vida, experiência, aprendizagem – não se podem separar. Simultaneamente, vivemos, experimentamos e aprendemos.[16]

O interessante nessas considerações é que a palavra "tecido" dá idéia de indissociabilidade, pois é sinônimo de trama, mas também está associada a uma seqüência de eventos, que também envolve as emoções humanas. O ato simultâneo de viver, experimentar e aprender ocorre na prática social, na ação. **As sensações que vivemos ao experienciar um evento têm um componente educativo, mesmo que a aprendizagem não seja percebida *a priori*, mas por meio de um processo de reflexão.**

Existem vários tipos de experiências vivenciadas pelas pessoas. Hart[17] as classifica em três tipos fundamentais:

> I. *Experiências que nós temos*, que é um fenômeno do mundo orgânico e não qualquer coisa que o homem possua, como instrumento para sua tentativa de conhecer o universo (fome, dor, sede de uma criança recém-nascida). Nesse nível a experiência é um fenômeno da natureza.

---

15 DEWEY, J. *Vida e educação*. 8. ed. Tradução e estudo preliminar por Anísio Teixeira. São Paulo: Melhoramentos, 1973.
16 TEIXEIRA, 1973, p. 16.
17 HART *apud* TEIXEIRA, 1973, p. 14-5.

II. *Experiências que chegam ao conhecimento por meio da reflexão.* Nesse nível, a experiência leva ao aparecimento da inteligência: ganha processos de análise, indagação de sua própria realidade, escolhe meios, seleciona fatores, se refaz.

III. *Experiências ligadas aos anseios do homem* por qualquer coisa que ele não sabe o que seja, mas que pressente e adivinha. Objetivamente, essas intimações incertas da realidade ao seu espírito parecem porvir ou de falhas nas suas experiências, ou da existência de alguma coisa que aflora, mas está além de sua experiência.

As experiências do segundo e terceiro tipo, em função da linguagem e da comunicação, integram não a experiência X, Y e Z, mas a experiência humana, que pode ser definida como a "acumulação muitas vezes secular de tudo que o homem sofreu, conheceu e amou."[18] Para o autor, a experiência humana fornece o material e a direção para as nossas experiências atuais e contribui para o desenvolvimento pessoal. O processo de experiência pode ser ilustrado pela Figura 5.1:

FIGURA 5.1 – O processo de experiência

FONTE: TEIXEIRA, 1973, p. 16.

18 TEIXEIRA, 1973, p. 15.

Vale resgatar o Capítulo 2, em que o significado da palavra "adaptação" é vinculado à experiência e à aprendizagem. O processo envolve um agente e uma situação que se influenciam mutuamente. O processo de readaptação ocorre gerando modificações no agente e na situação. Assim, fica evidente que o processo de experiência pode ser associado à aprendizagem e ao desenvolvimento de competências. O gerente, como agente, vivencia situações profissionais. À medida que ele consegue interpretar eventos ocorridos, há uma mudança na percepção do significado. Nesse momento, o gerente e a situação já não são os mesmos porque ele passa a interpretar a situação de forma diferente.

É interessante destacar que existem vários tipos de experiências, como as que foram relatadas anteriormente, e cada uma delas pode interferir no significado da experiência para cada um de nós. Como as experiências vivenciadas pelas pessoas auxiliam no processo de aprendizagem? A partir do momento em que a relação entre agente e situação é mediada pela reflexão, responsável pela atribuição de significados, ela assume a função de elo entre a experiência e a aprendizagem, como veremos em seguida. Além disso, existem outros elementos, como as emoções presentes em determinadas situações e o autoconhecimento, que ajudam a compreender os vínculos entre experiência e aprendizagem.

O gerente tece uma série de experiências, seja no ambiente empresarial ou na vida pessoal. Como essas experiências contribuem para a aprendizagem? Vamos tentar responder a essa questão nas próximas seções.

5.3 O papel da experiência na aprendizagem gerencial

A APRENDIZAGEM OCORRE de várias maneiras e em diferentes níveis, uma vez que atua em um sistema complexo e essa complexidade que permeia a natureza humana e a sua relação com o mundo demanda estudos que considerem os diversos contextos em que as pessoas vivem e trabalham, com o intuito de tentar compreender melhor o processo de aprendizagem.

A organização é um ambiente propício para desenvolver um estudo relacionado à aprendizagem porque é um sistema social regulado por normas, regras, padrões de comportamento, valores e atitudes, mas principalmente porque é constituída de uma coletividade de pessoas que compartilham experiências em torno de objetivos pessoais e institucionais.

Hill[19] e Clark e Clark[20] ressaltam que **o gerente aprende, em grande parte, com a experiência, na ação e interação com outras pessoas.** "Gerentes devem estar dispostos a ser capazes de refletir periodicamente sobre suas experiências, de obter *feedback*, de analisar e de modificar seu comportamento quando necessário."[21]

Em um estudo realizado com gerentes, Hill[22] destaca o papel da experiência no desenvolvimento gerencial. A autora o define "como um empenho consciente da organização em fornecer aos gerentes (ou aos gerentes em potencial) as oportunidades e os

---

19 HILL, L. A. *Novos gerentes:* assumindo uma nova identidade. São Paulo: Makron Books, 1993; HILL, L. A. Desenvolvendo as estrelas do desempenho. In: HESSELBEIN, F.; COHEN, P. M. *De líder para líder.* São Paulo: Futura, 1999, p. 295-306.
20 CLARK, K. E.; CLARK, M. B. *Choosing to lead.* 2 ed. North Carolina: Greensboro; Center for Creative Leadership, 1996.
21 HILL, 1993, p. 302.
22 HILL, 1993.

recursos para aprender a partir da experiência"[23] e considera que a experiência possibilitou a aquisição de conhecimentos necessários à ação gerencial e serviu de estrutura básica para os gerentes aprenderem a julgar suas novas situações de trabalho. As várias situações vividas os auxiliaram a desenvolver a capacidade de fazer julgamentos, a adquirir conhecimento técnico, a ter maior confiança em si, a obter maior credibilidade para ajudá-los a construir fontes adicionais de influência e de poder, a pensar como negociadores e tomar decisões em um contexto mais amplo (raciocínio sistêmico), a ter uma compreensão mais rica e ampla do papel gerencial. Enfim, **as experiências vividas pelos gerentes contribuíram para seu amadurecimento e conseqüente desenvolvimento de competências gerenciais, com destaque não apenas para os conhecimentos e habilidades, mas também para as atitudes que medeiam a sua prática gerencial.** O desenvolvimento gerencial deve ser conduzido de forma planejada, cuidadosa e alinhada à carreira, e não pautada em abordagens fragmentadas, reativas e intuitivas. Daí a relevância do Programa de Aprendizagem Gerencial.

Partindo do pressuposto de que a aprendizagem está relacionada a um novo modo de agir, ou seja, um novo comportamento, algumas condições básicas devem ser estabelecidas para fomentar a aprendizagem de forma integrada à vida.[24]

ⓐ SÓ SE APRENDE O QUE SE PRATICA.

ⓑ NÃO BASTA APENAS PRATICAR. Aprende-se por meio da reconstrução consciente da experiência, isto é, as experiências

23 HILL, 1993, p. 262.
24 TEIXEIRA, 1973, p. 33-7.

passadas afetam a experiência presente e a reconstroem para que todas venham influir no futuro.

🄬 APRENDE-SE POR ASSOCIAÇÃO. Não se aprende somente o que se tem em vista, mas as coisas que vêm associadas com o objetivo mais claro da atividade.

🄭 NÃO SE APRENDE NUNCA UMA COISA SÓ. À medida que aprendemos uma coisa, várias outras são simultaneamente aprendidas.

🄮 TODA APRENDIZAGEM DEVE SER INTEGRADA À VIDA, isto é, adquirida em uma experiência real na qual o que for aprendido tenha o mesmo lugar e função que tem na vida.

Essas condições são essenciais para entender a relação entre experiência e aprendizagem, uma vez que estão no centro de uma teia de relações que envolvem a prática gerencial, assim como a reflexão, o autoconhecimento, a capacidade de fazer associações no contexto da vida, e isso possibilita uma perspectiva mais ampla e sistêmica de todo o processo.

Nas próximas seções, vamos aprofundar a discussão sobre os vínculos entre experiência e aprendizagem. Vale ressaltar que outros vínculos podem ser estabelecidos, uma vez que **a aprendizagem está inserta na vida das pessoas e cada experiência vivenciada tem um significado singular para cada gerente.**

5.4 Reflexão, experiência e aprendizagem

OS GERENTES SE DEPARAM COM VÁRIAS SITUAÇÕES e o processo de reflexão pode tornar essa experiência rica em aprendizagem, o que influenciará seus padrões de comportamento e, conseqüentemente, as suas ações. "Se o nosso interesse fundamental é pela vida, aprender significa adquirir um novo modo de agir, um novo 'comportamento' (*behavior*) de nosso organismo."[25] Assim, podemos afirmar que a reflexão pode ser considerada um dos elos entre a experiência e a aprendizagem.

A convivência entre pessoas exerce um papel crucial na aprendizagem formal ou informal[26] e, como afirma Dewey[27], o ser humano que vive só (mental ou fisicamente) tem poucas possibilidades ou ocasiões para refletir sobre suas experiências ou para extrair-lhes clara significação.

> A desigualdade de eficiência dos adultos e dos novos não só exige que se ensine a estes, como também a necessidade deste ensino é um poderoso estímulo para dar à experiência ordem e forma que a torne mais facilmente transmissível e, por conseguinte, mais utilizável.[28]

Aprender a ser gerente também depende da convivência, da troca de experiências entre as pessoas. **Estimular os gerentes a relatar situações vividas é uma forma de levá-los não só a refletir sobre elas, mas também compartilhá-las com pessoas menos experientes** que, ao passar por situações similares em sua prática gerencial, poderão utilizar as experiências que foram descritas a elas como *inputs* para a reflexão sobre a maneira de agir. Um Programa de Aprendizagem Gerencial pode utilizar o relato de experiências de gerentes mais experientes como acelerador de aprendizagem de gerentes menos experientes.

25 TEIXEIRA, 1973, p. 33.
26 TAMKIN; BARBER, 1998.
27 DEWEY, 1979, p. 6.
28 DEWEY, 1979, p. 6.

A reflexão é fundamental para entender a relação entre experiência e aprendizagem. Van Manen[29] utilizou o conceito de Heidegger para descrever a reflexão como uma relação harmoniosa, de cuidado, de atenção, um questionamento atento, zeloso sobre o projeto de vida, de viver, do que significa ter uma vida.

Para Dewey,

> na descoberta minuciosa das relações entre os nossos atos e o que acontece em conseqüência deles, surge o elemento intelectual que não se manifestara nas experiências de tentativa e erro. À medida que esse elemento se manifesta, aumenta proporcionalmente o valor da experiência. Com isto, muda-se a qualidade desta; e a mudança é tão significativa – isto é, reflexiva por natureza.[30]

Essa descoberta minuciosa é conseqüência da reflexão e é ela que vai contribuir para atribuir valor à experiência.

A visão de Dewey é similar ao conceito de reflexão na ação de Schon[31] apresentado no capítulo anterior. Até porque, de acordo com Ferry e Ross-Gordon[32], foi Dewey o primeiro pesquisador a usar o termo "reflexão", definindo-o como uma consideração ativa, persistente e cuidadosa de alguma crença ou forma suposta de conhecimento. Para desenvolver essa capacidade, os gerentes precisam estimular a habilidade de pensar na tentativa

---

29 VAN MANEN, M. *Researching lived experienced*: human science for an action sensitive pedagogy. Nova York: State University of New York Press, 1990.
30 DEWEY, 1979, p. 159.
31 SCHON, D. A. *The reflective practitioner*: how professionals think in action. Nova York: Basic Books, 1983; SCHON, D. A. *Educando o profissional reflexivo*: um novo design para o ensino e a aprendizagem. Porto Alegre: Artes Médicas Sul, 2000.
32 FERRY, N. M.; ROSS-GORDON, J. M. An inquiry into Schön's epistemology of practice: exploring links between experience and reflective practice. *Adult Education Quarterly*, v. 48, n. 2, p. 98-112, inverno 1998.

de estabelecer relações entre algo que estão fazendo, buscando entender as implicações que isso pode provocar na sua vida e tentar atribuir significados a essa experiência. Pensar equivale "a tornar explícito o elemento inteligível de nossa experiência."[33]

Pode-se constatar que aprender pela experiência requer o desenvolvimento da capacidade reflexiva, pois é ela a responsável pela atribuição de significados e pelo desenvolvimento de padrões de comportamento que direcionam as ações das pessoas. Hill[34] ressalta que várias pesquisas ilustram que a reflexão é essencial na aprendizagem na ação, abordada no capítulo anterior.

Refletir sobre a experiência é um meio de ter um diálogo socrático consigo, fazendo as perguntas certas nos momentos exatos com o objetivo de descobrir a verdade sobre você e a sua vida.[35] Isso também indica que a reflexão é essencial na busca do autoconhecimento.

Essas ponderações reforçam que **a reflexão pode ser considerada um dos aspectos-chave para entender a relação entre experiência e aprendizagem.** Dewey afirma que a reflexão na experiência

> subtende uma associação do fazer ou experimentar, com alguma coisa que em conseqüência a pessoa sente ou sofre. A separação do aspecto ativo do fazer, do aspecto passivo do sofrer ou sentir, destrói a significação vital de uma experiência. Pensar é o ato cuidadoso e deliberado de estabelecer relações entre aquilo que se faz e as suas conseqüências.[36]

33 DEWEY, 1979, p. 159.
34 HILL, 1993.
35 BENNIS, W. *On becoming a leader.* Reading, MA: Addison-Wesley, 1989.
36 DEWEY, 1979, p. 165.

O gerente, em sua ação profissional, experimenta uma série de sensações. Se ele vivencia a prática gerencial de forma racional, não consegue refletir sobre suas experiências porque não incorpora a dimensão subjetiva, dos sentimentos, o que prejudica o processo de aprendizagem. Existe uma associação entre o fazer e o sentir. O ato de pensar auxilia no processo de reflexão e, por conseguinte, contribui para a aprendizagem. Os sentimentos estão presentes em toda ação humana, levando as pessoas a enfrentar, ser indiferentes ou fugir de determinadas situações. **O sofrimento envolve sensações ou sentimentos e também pode ser considerado outro vínculo entre a experiência e a aprendizagem.**

5.5 Sofrimento, experiência e aprendizagem

A PALAVRA "SOFRIMENTO" é mais vinculada à dor, a um ferimento ou uma doença. Também pode estar vinculada a uma dor moral, a uma angústia, ansiedade e amargura. Por outro lado, o sofrimento também pode ser encarado como parte de um processo de renovação. A águia, por exemplo, pode viver até 70 anos. Aos 40 anos, ela se depara com duas alternativas: morrer ou passar por um processo de sofrimento, que é doloroso e dura 150 dias. Esse processo consiste em voar para seu ninho no alto de uma montanha e bater com o bico em uma pedra até arrancá-lo. Isso é necessário porque ele está curvado, dificultando a caça de suas presas. Após o nascimento de um novo bico, a águia arranca todas as suas unhas, que estão compridas e flexíveis, o que também dificulta agarrar as presas das quais ela se alimenta. Após o nascimento de novas unhas, é chegado o momento de arrancar todas as penas envelhecidas e pesadas. Cinco meses depois, a águia está pronta para o seu primeiro vôo – o vôo da renovação, com a possibilidade de viver mais 30 anos.

As pessoas também podem encarar os sofrimentos como um processo de renovação capaz de contribuir para seu desenvolvimento pessoal e profissional. Na obra cujo título traduzido para o português é *As lições da experiência: como os executivos se desenvolvem no trabalho*, McCall *et al.*[37] analisam a relação entre o sofrimento e a aprendizagem. Após realizarem entrevistas com gerentes, os autores identificaram cinco tipos de sofrimento vividos pelos executivos que levaram ao aprendizado. São eles:

» um trauma pessoal relativo à sua saúde ou à saúde da sua família;

» um recuo na carreira, envolvendo rebaixamento ou perda de promoção;

» mudança de emprego, no qual os executivos arriscam suas carreiras para sair de um trabalho sem perspectiva;

» falhas de trabalho, nos quais um mau julgamento e decisões erradas levam ao fracasso;

» um problema no desempenho dos subordinados, forçando os executivos a confrontar as pessoas com questões de incompetência ou com dificuldades como alcoolismo.

Esses tipos de sofrimento propiciam várias lições envolvendo a confrontação com o eu. Os executivos aprenderam lições

---

37 McCALL, M. *et al. The lessons of experience:* how successful executives develop on the job. Lexington, MA: Lexington Books, 1988.

sobre si mesmos, por meio do relacionamento com os outros, de suas aspirações na carreira, de sua capacidade de superar a frustração e o medo, e de sua habilidade para se adaptar em um mundo algumas vezes arbitrário.[38]

Na pesquisa ficou comprovado que **o reconhecimento e a aceitação das limitações, seguidos de um esforço para se auto-redirecionar, são características de uma pessoa de sucesso.** Além disso, os executivos também aprenderam a buscar seus objetivos, mesmo diante de situações difíceis. Pessoas que passam por um sofrimento e conseguem aprender ficam mais conscientes de si próprias e do que é importante para suas vidas, além de entender melhor as fraquezas dos outros por meio das suas.[39] Nessa constatação reside a compreensão do valor do sofrimento, ou seja, não é o evento em si mas o resultado da reflexão acerca dele que gera significado e, conseqüentemente, aprendizagem.

Clark e Clark[40], após discutirem o processo de aprendizagem da liderança por meio da experiência, destacam uma série de lições aprendidas que são críticas para uma boa *performance*: confiança nas suas habilidades para trabalhar independentemente; conhecimento de suas limitações; necessidade de confiar nos outros e delegar; humildade; fortalecimento dos valores e coragem para agir. **Existe uma relação entre sofrimento e autoconhecimento que é essencial para possibilitar que as experiências vividas promovam a aprendizagem.**

38 McCALL *et al.*, 1988.
39 McCALL *et al.*, 1988.
40 CLARK; CLARK, 1996, p. 170.

5.6 Autoconhecimento, experiência e aprendizagem

HILL[41] DESTACA QUE TORNAR-SE UM GERENTE requer aprender com a experiência. Entretanto, alerta para as armadilhas do aprendizado em tempo real. "As pessoas tendem a colocar o máximo de sua energia em demandas e problemas que já viram antes e a se apoiar em habilidades e abordagens já comprovadas, particularmente quando estão em circunstâncias de muita pressa e pressão." As experiências vividas podem ser úteis no momento em que ajudam a ter um parâmetro de avaliação, mas cada situação profissional apresenta uma série de fatores que vão influenciar a maneira como essa situação será administrada. Hill[42] considera que os gerentes devem estar preparados para fazer uma introspecção sobre sua conduta, analisando-a e alternando o comportamento se houver necessidade. Essa atitude ajuda no autoconhecimento e no gerenciamento das emoções.

A busca do autoconhecimento é um processo que requer o conhecimento de si, ou seja, das potencialidades e fragilidades, das características individuais e das emoções. Hill mostra a importância do autoconhecimento na aprendizagem de gerentes e ressalta que

> aprender a gerenciar é uma tarefa da cabeça e do coração. Para serem
> eficazes e lidarem com as tensões de conduzir outras pessoas, é preciso que aprendam muito sobre si mesmos – seus valores pessoais e

---

41 HILL, 1993, p. 215.
42 HILL, 1993.

estilos, seus pontos fortes e fracos. Descobrem novos aspectos de si à medida que novas competências vão sendo exigidas.[43]

Durante esse processo, o gerente também pode refletir sobre suas ações e as de todos os que mantêm relação com ele. "Obter *insights* das experiências vividas dos outros é uma maneira valiosa para apoiar ações autônomas através da reflexão."[44]

Os relacionamentos sociais podem constituir uma fonte para a busca do autoconhecimento, mas o que se percebe é que as pessoas vivem em um mundo que está desencadeando uma série de comportamentos que muitas vezes dificultam o relacionamento social.

Aprender mais sobre nós mesmos, e tentar nos enxergar como os outros nos vêem, nos habilita a lidar com as pessoas com mais empatia e maior compreensão do impacto das nossas ações. Os gerentes podem, então, confrontar sua maneira tradicional de fazer e de pensar sobre coisas e iniciar um movimento na direção dos seus desejos.[45]

Todos os aspectos abordados anteriormente – a reflexão, o sofrimento e o autoconhecimento – reforçam que a experiência e a aprendizagem estão vinculadas à vida. **As pessoas vivenciam experiências em vários contextos sociais, e isso indica que ele pode ser considerado um dos elos mais fortes entre a experiência e a aprendizagem**, como veremos no próximo capítulo.

43 HILL, 1999, p. 302.
44 MCLEOD, J. H. Teachers' working knowledge: the value of lived experience. *ultiBASE Articles*, p. 1-10, nov. 2001.
45 TAMKIN; BARBER, 1998.

Capítulo 6

O contexto social da aprendizagem gerencial

A PERSPECTIVA DA APRENDIZAGEM SOCIAL CONSIDERA QUE ELA OCOR-RE POR MEIO DA OBSERVAÇÃO DAS PESSOAS EM DETERMINADO CONTEX-TO. Os processos de aprendizagem são intrinsecamente sociais e também um fenômeno coletivo.[1] Na verdade, não se pode negar a integridade dos indivíduos, mas é importante destacar que o que aprendem reflete o contexto social no qual aprenderam, e isso implica a aplicabilidade prática do que foi aprendido.

"A aprendizagem ocorre dentro de um contexto de partici-pação (social), e não na mente individual. Isso significa que as diferenças em perspectiva (as perspectivas múltiplas) entre os co-participantes são instrumentais na geração da aprendizagem."[2]

---

[1] BROWN, J. S.; DUGUID, P. Knowledge an organization: a social-practice perspective. *Organization Science*, v. 12, n. 2, p. 198-213, mar.–abr. 2001.

[2] ELKJAER, B. Em busca de uma teoria de aprendizagem social. In: EASTERBY-SMITH, M. *et al. Aprendizagem organizacional e organização de aprendizagem*: desenvolvimento na teoria e na prática. São Paulo: Atlas, 2001, p. 108.

Alguns estudos sobre a aprendizagem gerencial foram desenvolvidos tendo como base o contexto social. Gherardi *et al.*[3] desenvolveram uma pesquisa com o objetivo de explorar as várias maneiras pelas quais a experiência prática e as habilidades tácitas são passadas dos trabalhadores seniores para os novatos, e identificar o processo pelo qual o novo conhecimento é assimilado em uma comunidade de prática.

As autoras afirmam que os estudos que envolvem a aprendizagem organizacional estão passando por uma revolução. Destacam a visão clássica da aprendizagem, na qual o aprendiz é um ator individual que processa a informação e modifica suas estruturas mentais, e propõem uma visão centrada em Bruner e Haste[4], segundo a qual o aprendiz é um ser humano que constrói sua compreensão e aprende de interações sociais dentro de cenários socioculturais.

Essa visão coloca o contexto social no epicentro do processo de aprendizagem. Nessa perspectiva, pode-se afirmar que a "aprendizagem é socialmente construída nas organizações para transformar a cognição adquirida em ação para ser responsável pelo conhecimento abstrato."[5] A aplicação de uma perspectiva desloca o processo de informação e modificação da estrutura cognitiva para o processo de participação e interação que fornece um contexto próprio para a aprendizagem.[6]

---

3   GHERARDI, S. *et al.* Toward a social understanding of how people learn in organizations. *Management Learning*, v. 29, n. 3, p. 273-97, 1998.
4   BRUNER, J. S.; HASTE, H. *Making sense*. Londres: Merhuen, 1987.
5   NICOLINI, D.; MEZNAR, M. B. The social construction of organizational learning: conceptual and practical issues in the field. *Human Relations*, v. 48, n. 7, p. 727-46, 1995.
6   GHERARDI, S. *et al.*, 1998.

O ato de apreender significados, que resulta em aprendizagem, é o resultado da ação de todas as pessoas que atuam no sistema. Para que a aprendizagem seja efetiva e possa promover a geração de conhecimento, a organização deve desenvolver um sistema de relações sociais que possibilite a todos os seus integrantes uma participação ativa e legítima, capaz de transformar a realidade por meio da ação.[7]

Uma ação transformadora, na visão de Freire[8], ocorre quando o homem passa a ser responsável pela criação da sua história. "Não é no silêncio que os homens se fazem, mas na palavra, no trabalho, na ação-reflexão."

Ao diferenciar o homem dos animais, Giddens[9] destaca a incapacidade de adaptação dos sujeitos ao mundo material, o que os leva a interagir com o seu meio ambiente para dominá-lo e não simplesmente ajustar-se a ele como se fosse algo já estabelecido. "Assim, os seres humanos se modificam ao modificar o mundo que os envolve, num processo contínuo e recíproco."[10]

A aprendizagem, no todo, envolve a aquisição de identidades que refletem como o aprendiz vê o mundo e como este vê o aprendiz. Aprender o mais simples trabalho é, então, um processo social complexo, que não pode ser capturado na noção de que toda a aprendizagem ocorre na cabeça dos indivíduos.[11]

---

7 NICOLINI; MEZNAR, 1995.
8 FREIRE, P. *Pedagogia do oprimido*. Rio de Janeiro: Paz e Terra, 1987, p. 92.
9 GIDDENS, A. *Novas regras do método sociológico*. Rio de Janeiro: Zahar, 1978.
10 GIDDENS, 1978, p. 107.
11 BROWN; DUGUID, 2001.

Lave e Wenger[12] consideram que a aprendizagem ocorre no contexto da prática social. É um contexto específico que envolve uma coletividade de pessoas e por isso a aprendizagem é situada. Os autores consideram que a aprendizagem decorre de um processo de participação periférica legitimada.

Em um programa de *trainee*, por exemplo, uma pessoa é colocada na posição de aprendiz de gerente e só passará a ter acesso a todo o conhecimento do grupo se for legitimada por todos os integrantes do contexto social em que atua. O domínio de todo o conhecimento depende do aumento da complexidade no desenvolvimento de seu trabalho. À medida que o grupo passa a aceitar o *trainee* como membro, este passa a incorporar todo o conhecimento, sobretudo o tácito. Caso não seja legitimado, ou o seja parcialmente, não terá acesso a todas as fontes para a compreensão de significados, e seu envolvimento com o grupo e sua aprendizagem passam a ser prejudicados. "A forma como a legitimação ocorre é uma característica definidora da maneira de pertencer."[13] Vale ressaltar que a participação é um elemento constitutivo do conteúdo da aprendizagem. Assim, quando ocorre a legitimação pelo grupo, o nível de aquisição de conhecimento e compreensão da prática gerencial é ampliado, o que contribui para um maior entendimento sobre o gerenciamento da aprendizagem.

O processo de aprendizagem gerencial, sob essa perspectiva, envolve várias etapas. **A inserção do gerente em determinada organização não garante o seu bom desempenho se ele não for legitimado**

12 LAVE, J.; WENGER, E. *Situated learning*: legitimate peripheral participation. Nova York: Cambridge University Press, 1991.
13 LAVE; WENGER, 1991, p. 35.

como membro do grupo e passar a interagir de modo a desenvolver as competências necessárias para ser um bom profissional. Com base em pesquisas, Gherardi *et al.*[14] categorizaram quatro estágios pelos quais passa um aprendiz em uma empresa.

ⓐ NOVATO: aplica regras de um contexto independente (aplicação do conhecimento aprendido na escola; segue as instruções de manuais).

ⓑ INICIANTE AVANÇADO: realiza experiências práticas na aprendizagem para reconhecer os elementos situacionais que dependem do contexto e não são especificados por regras de um contexto independente.

ⓒ APRENDIZ COMPETENTE: sabe como escolher ou organizar um plano pelo uso simultâneo do contexto independente e das regras do limite do contexto, não respeitando-as se a situação justifica, ou explorando sua incompletude.

ⓓ APRENDIZ *EXPERT* E HABILIDOSO: caracteriza-se pelo envolvimento, pela rapidez, fluidez e intuição. As regras que orientam a *performance* de uma atividade particular podem ser esquecidas porque estão *"taken for granted"*, se tornam hábitos, parte de um esquema corporal, da inconsciência.

Todo o conhecimento que vai sendo adquirido durante o processo e reside no ambiente organizacional depende de socialização e legitimação. Nesse processo, dois conceitos são fundamentais: o de comunidade de prática e o de participação periférica legitimada.

---

14 GHERARDI *et al.*, 1998.

O conceito de comunidade de prática foi proposto por Lave e Wenger[15] e utilizado por vários autores, como Brown e Duguid[16]; Gherardi, Nicolini e Odella[17]; Elkjaer[18], entre outros.

Gherardi e Nicolini[19] ressaltam que o conhecimento organizacional como um fenômeno social e coletivo pode ser baseado na noção de prática e na idéia de comunidade de prática, um constructo conceitualizado por vários autores como um agregado informal definido não apenas por seus membros, mas também pela forma compartilhada como as pessoas realizam seus trabalhos e interpretam eventos.

Uma comunidade de prática não é uma maneira de postular a existência de um novo grupo informal ou sistema social dentro de uma organização, mas é uma maneira de enfatizar que toda prática é dependente de um processo social pelo qual ela é sustentada e perpetuada e que a aprendizagem ocorre por meio do engajamento naquela prática.[20]

Lucena alerta que "o termo 'comunidade' não implica a existência de um grupo bem definido e identificável, mas que determinadas pessoas compartilham alguns entendimentos sobre o que fazem."[21]

Em comunidades de prática são estabelecidas relações ao redor das atividades, que por sua vez tomam forma por meio de

---

15 LAVE; WENGER, 1991.
16 BROWN; DUGUID, 2001.
17 GHERARDI et al., 1998; GHERARDI, S.; NICOLINI, D. The organization learning of safety in communities of practice. Journal of Management Inquiry, v. 9, n. 1, p. 7-18, 2000.
18 ELKJAER, 2001.
19 GHERARDI; NICOLINI, 2000.
20 GHERARDI et al., 1998.
21 LUCENA, E. A. A aprendizagem profissional de gerentes-proprietários do setor de varejo de vestuário de Florianópolis. 2001. Tese (Doutorado em Engenharia de Produção) – Centro Tecnológico, Universidade Federal de Santa Catarina, Florianópolis, 2001, p. 45.

relações sociais e das experiências daqueles que as realizam com o objetivo de tornar o conhecimento e a habilidade parte da identidade do indivíduo e de ser inserido e legitimado na comunidade. Ao mesmo tempo, a dimensão da comunidade é uma condição essencial para a prática do conhecimento porque ele só pode ser perpetuado quando transmitido para os novos entrantes da comunidade.[22]

Outro conceito relevante e de estreita relação com o de comunidade de prática é o de participação periférica legitimada, que é considerada uma forma específica de engajamento que objetiva socializar os novos membros da comunidade. É periférica porque indica o caminho que um novo aprendiz – um gerente, por exemplo – deve seguir para ser legitimado como integrante da comunidade. Esse conceito ratifica que a aprendizagem é social e não simplesmente cognitiva.[23] De acordo com Elkjaer, a participação periférica legitimada

> chama a atenção para o fato de que os aprendizes estão, inevitavelmente, participando em comunidades de prática – em contextos interagentes. A fim de que os novatos possam acumular conhecimento, adquirir habilidade e/ou aprender alguma forma de profissão ou tarefa num ambiente organizacional, eles devem participar integralmente nas chamadas práticas socioculturais de uma comunidade profissional [...] encarar a aprendizagem como uma parte integral e inseparável da prática social implica que aprender uma habilidade provém de fato do engajamento no processo de

---

22 GHERARDI; NICOLINI, 2000.
23 GHERARDI *et al.*, 1998.

desempenho. Os conceitos de significado, compreensão e aprendizagem são todos definidos em relação aos contextos acionais, e não, meramente, em relação à mente.[24]

A noção de participação periférica legitimada delineia um caminho a ser seguido para conseguir aceitação dos demais integrantes da comunidade. É um modo específico de engajamento, pelo qual os novos membros da comunidade socializam e aprendem, assim como pelo qual a comunidade se perpetua. Essa trajetória depende de um *currículo situado,* que compreende um padrão de oportunidades de aprendizagem que está disponível para os novatos ao ingressarem em uma comunidade específica de uma organização. A noção de currículo situado deriva do conceito de currículo de aprendizagem proposto por Lave e Wenger.

Na verdade, são duas maneiras de vislumbrar o processo de aprendizagem. Enquanto o currículo de aprendizagem enfatiza as oportunidades de aprendizagem relacionadas a uma ocupação específica, o currículo situado envolve um grupo de atividades que governa o processo de tornar-se um membro; é característico das práticas de uma comunidade e não pode ser considerado dela separado; está enraizado nos hábitos gerais e nas tradições e é sustentado e tacitamente transmitido de uma geração para outra, incorporando modificações no sistema de práticas.[25] O Quadro 6.1 apresenta os resultados de um estudo realizado com gerentes da construção civil, cuja natureza da atividade envolve

24 ELKJAER, 2001, p. 108.
25 GHERARDI *et al.*, 1998.

o relacionamento, a coordenação, a negociação e a resolução de problemas. Os resultados da pesquisa indicam que para se tornar um gerente local, e para conquistar a aceitação e a confiança dos outros na indústria (pedreiros, subcontratados, engenheiros etc.), um novato deve ser bem-sucedido, mostrar proficiência e se tornar independente progressivamente na execução de certo número de práticas específicas. O Quadro 6.1 apresenta o currículo situado de um gerente de construção.

QUADRO 6.1 – O currículo situado de um gerente de construção

AS TAREFAS DE UM APRENDIZ DE GERENTE DE CONSTRUÇÃO*	TAREFAS RELACIONADAS À APRENDIZAGEM	PARTICIPAÇÃO PERIFÉRICA LEGÍTIMA**
Cuidar do relatório diário das tarefas completadas; manter-se informado sobre as horas de trabalho dos empregados (notificar a administração central); ajudar a mensurar o trabalho completado para relatórios; mensurar e reportar todo o trabalho completado.	Obter uma visão do fluxo geral de trabalho; reconhecer e interpretar as pistas que os *experts* usam na sua prática diária (conhecimento tácito); apreciar a dimensão econômica de alguma decisão, ação e erro; usar a linguagem, o jargão, e aprender a se comportar como um entrante (*insider*); aprender as rotinas básicas de contabilidade; compreender as questões básicas relacionadas ao gerenciamento e ao controle de pessoal.	Tornar-se um bom aprendiz; comportar-se como um entrante (*insider*); obter legitimação como um participante periférico; conhecer a empresa, sua história e quem são os atores relevantes.
Ordenar o abastecimento necessário de material de construção e equipamento técnico; gerenciar o fluxo de abastecimento; gerenciar a rede de fornecedores, incluindo negociar preços e manter-se informado das inovações técnicas.	Compreender a relação entre fluxo de trabalho e abastecimento; apreciar o papel dos artefatos na prática diária; construir um mapa de diferentes fontes de provisão, informação e inovação na indústria; negociar e estabelecer laços de confiança duráveis.	Obter reconhecimento como um bom aprendiz (mostrar boa vontade); estabelecer relações formais e informais positivas com outros membros da comunidade e da organização; agir como um representante da organização; estabelecer e manter relações empresariais.

* A ordem das obrigações (tarefas) ocorre do topo para a base de acordo com um aumento no nível de responsabilidade; blocos indicam grupos de atividades designadas para diferentes níveis de experiência.
** Competências que os novatos começam a desenvolver durante o desenvolvimento de atividades.

Planejar o processo de trabalho (o quê e quando); estimar o tempo e as horas de trabalho necessárias para completá-lo; fazer estimativas.	Obter uma percepção sistêmica do local de trabalho; adquirir responsabilidade para o fluxo de trabalho; compreender e lidar com a interdependência da tarefa; reconhecer e estimar as limitações em um contexto de trabalho específico; traduzir limitações dentro do tempo de trabalho e dentro de figuras econômicas.	Obter reconhecimento como um gerente; negociar com a força de trabalho e com outras partes da empresa; colaborar com outros profissionais; motivar e controlar trabalhadores; designar e auxiliar a coordenação de atividades.
Designar tarefas para times e indivíduos; estabelecer a composição do time de trabalho.	Reconhecer a ordem lógica do fluxo de trabalho; coordenar a complexa rede de tarefas; pessoas e limitações externas; encarar os problemas de gerenciamento de pessoas e competências.	Gerenciar as relações empresariais com subcontratados; aprender sobre legislação de pessoal e regulamentações.
Negociar preços e custos, planejando mudanças no curso do processo; gerenciar o processo de faturamento (que inclui negociar o valor do trabalho incluído no relatório); negociar com subcontratados; gerenciar consumidores e sua satisfação, procurando por novos contratos.	Negociar com consumidores; gerenciar relações de negócios; adotar uma perspectiva orientada para o lucro; tomar cuidado com os aspectos empresariais do trabalho (adquirir e reter consumidores; fornecer satisfação ao consumidor; lidar com limitações etc.).	Adotar uma perspectiva empreendedora; obter respeitabilidade fora da empresa entre competidores, assim como estabelecer contatos em diferentes escritórios de administração; desenvolver uma rede de relações com clientes atuais e potenciais; procurar em toda parte por trabalhos melhores.

FONTE: GHERARDI, *et al.*, 1998, p. 284-5.

Uma análise do quadro indica que o gerente vai ampliando seu escopo da atividade gerencial, e isso implica desenvolver atividades mais complexas. Perceba que as tarefas associadas à aprendizagem estão intimamente relacionadas ao tipo de atividade desenvolvida, e isso também significa que o aumento no nível de responsabilidade e complexidade tem implicações no desenvolvimento de competências gerenciais e decorre de um processo de legitimação, que ocorre assim que os relacionamentos formais e informais estabelecidos o levam a ser reconhecido como aprendiz e como gerente.

Existe uma forte relação no currículo situado do gerente com o desenvolvimento de competências a partir do momento em que ele é engajado em uma série de atividades e passa a ser um participante ativo de todo o processo. A posição do gerente muda à medida que ele vai obtendo maiores informações da empresa, ampliando o nível de conhecimento da organização, dos processos, dos relacionamentos internos e externos. Essa perspectiva de aprendizagem está intimamente relacionada à noção de competência estabelecida por Zarifian quando associa a competência a "um entendimento prático de uma situação que se apóia nos conhecimentos adquiridos e os transforma na medida em que aumenta a diversidade das situações."[26]

Essas considerações indicam que **a aprendizagem gerencial também ocorre no contexto da prática, e o gerenciamento da aprendizagem aponta a existência de um vínculo entre contexto social, experiência e aprendizagem.**

6.1 Contexto social, experiência e aprendizagem

O ATO DE GERENCIAR UM GRUPO DE PESSOAS ou uma organização não ocorre de forma isolada. Esse ato social sofre a influência de uma série de agentes, tais como subordinados, pares, clientes, fornecedores, representantes da comunidade, familiares, entre outros, que atuam em diferentes perspectivas. A habilidade para compreendê-las, para utilizar o conhecimento do trabalho, a linguagem e o poder para facilitar o ato

---

26 ZARIFIAN, P. *Objetivo competência*: por uma nova lógica. São Paulo: Atlas, 2001, p. 72.

de ensinar, é uma função da totalidade de cada experiência vivida do profissional.[27]

A aprendizagem gerencial, numa perspectiva mais ampla, sofre a influência de vários contextos (biográfico, histórico, cultural, estrutural), o que demonstra que as experiências vividas pelos gerentes podem contribuir não apenas para enriquecer suas competências profissionais como sua vida pessoal.

Clark e Clark[28] discutem como os líderes aprendem com a experiência. Os autores destacam que as experiências de vida podem afetar o desenvolvimento das pessoas, e que recordar fatos de suas vidas pode fornecer *insights* para bons métodos de ser pai ou mãe, de ensinar e talvez liderar. "As origens das mais altas aspirações, de um forte senso de dever e de valores que guiam as decisões podem freqüentemente ser atribuídas às influências dos pais, dos avós e outros modelos."[29]

Essas considerações demonstram que o processo de aprendizagem depende de uma série de variáveis contextuais que certamente influenciam a maneira como as pessoas vêem o mundo e atribuem significados a determinados eventos. Para Cranton, "a aprendizagem é multidimensional e pode influenciar as perspectivas de significado de várias maneiras e em diferentes níveis."[30]

---

27 MCLEOD, J. H. Teachers' working knowledge: the value of lived experience. *ultiBASE Articles*, p. 1-10, nov. 2001.
28 CLARK, K. E.; CLARK, M. B. *Choosing to lead*. 2 ed. North Carolina: Greensboro; Center for Creative Leadership, 1996.
29 CLARK; CLARK, 1996, p. 153-70.
30 CRANTON, *op. cit.*, p. 48.

O CONTEXTO SOCIAL DA APRENDIZAGEM GERENCIAL

Em um estudo realizado com dirigentes de uma pequena empresa, Silva e Rebelo[31] constataram que a gênese da aprendizagem desses gerentes está ligada à experiência vivida da pessoa, cuja base está na família, mas também ocorre por intermédio das relações em outros contextos e grupos sociais, como a escola e o mundo do trabalho. É um processo dinâmico, multifacetado, reflexivo e transformador. No Quadro 6.2, são apresentados alguns fatores subjacentes às experiências vividas pelos gerentes que influenciaram sua aprendizagem.

QUADRO 6.2 – Fatores subjacentes à experiência vivida que influenciaram na aprendizagem dos gerentes

DIMENSÃO	FATORES QUE INFLUENCIARAM NA APRENDIZAGEM DOS GERENTES
FAMÍLIA	Perseverança, determinação, dignidade, caráter, responsabilidade, vontade de vencer, apoio, solidez nas relações familiares.
ESCOLA	Apoio, trauma pessoal, convivência, decepções, perdas.
COMUNIDADE	Liderança, relacionamento interpessoal, convivência, comunicação, coordenação de trabalho em equipe.
VIDA DE EMPREGADO	Incompatibilidade de valores, observação, proatividade, dedicação, resolução de problemas, reflexão na ação, valorização da imagem pessoal, liderança, argumentação, sofrimento, determinação, valorização das pessoas, solidão, humildade.
VIDA DE GERENTE	Responsabilidade, visão sistêmica do negócio, perseverança, coragem, proatividade, inovação, divisão de papéis, gerenciamento de si próprio, respeito e transparência nas ações, ética, participação, gestão do tempo, relação entre vida pessoal e trabalho.

FONTE: SILVA; REBELO, 2006, p. 24.

---

31 SILVA, A. B.; REBELO, L. M. B. A gênese da aprendizagem no contexto social: a experiência vivida de gerentes. *Revista Alcance*: revista da Universidade do Vale do Itajaí, v. 13, n. 1, p. 9-27, jan.–abr. 2006.

Esses resultados indicam como o contexto social pode contribuir para a aprendizagem de gerentes. A experiência social é considerada um dos eixos formadores de uma competência[32], e isso indica que os gerentes precisam compreender o papel que os vários eventos vivenciados ao longo de suas vidas exercem em sua prática gerencial.

Cornbleth[33] destaca que cada interação do profissional é uma função do contexto biográfico – não apenas do dele, mas daqueles que interagem com ele. O contexto biográfico representa cada personalidade formada em circunstâncias sociais que incluem suas experiências, suas interações com outros indivíduos, grupos, instituições, e o ambiente tanto físico como humano, natural e artificial.

Numa perspectiva sociológica, Jarvis[34] situa a aprendizagem na interface da biografia das pessoas e do meio sociocultural em que elas vivem e é nessa interseção que as experiências ocorrem. O autor também faz um *link* entre aprendizagem e desenvolvimento. **A aprendizagem das experiências do dia-a-dia é um processo que ocorre todo o tempo. As pessoas se desenvolvem e amadurecem mediante essas experiências.**

Após um estudo realizado com gerentes no contexto organizacional, Tamkin e Barber[35] constataram que eles aprenderam várias coisas em suas experiências que estão associadas a conhecimentos, habilidades técnicas e gerenciais, aumento da

---

32 LE BOTERF, G. *Desenvolvendo a competência dos profissionais*. 3. ed. Porto Alegre: Artmed, 2003.
33 CORNBLETH, 1998 *apud* MCLEOD, 2001.
34 JARVIS, 1992 *apud* MERRIAM, S. B.; YANG, B. A longitudinal study of adult life experiences and developmental outcomes. *Adult Education Quarterly*, v. 46, n. 2, p. 62-81, inverno 1996, p. 63.
35 TAMKIN, P.; BARBER, L. Learning to manage. *Institute for Employment Studies Reports*, report 345, 1998.

compreensão de como funciona a empresa, e do impacto das suas ações nos outros e em si mesmos. Na pesquisa, ficou claro que **o que nós aprendemos é fortemente influenciado pelo como nós aprendemos.**

Por outro lado, pode-se afirmar que a aprendizagem de gerentes no trabalho é fortemente influenciada pelas experiências vividas por eles ao longo de suas vidas. A maneira *como* os gerentes vivem suas experiências influenciam *o que* eles aprendem ao longo de suas vidas. As experiências fora do ambiente de trabalho são ricas em oportunidades de aprendizagem. Algumas vezes essas oportunidades vêm sem avisar, como em um sofrimento. Freqüentemente, podemos escolher experiências que constroem habilidades específicas de liderança.[36]

Além dessas considerações, os autores ainda destacam que a aprendizagem no trabalho ocorre quando a oportunidade e a motivação para aprender interagem e criam a necessidade para o desenvolvimento. Essa interação também pode acontecer fora do ambiente de trabalho, como demonstram os exemplos do Quadro 6.3 (p. 220).

A comparação entre os papéis e experiências fora do ambiente de trabalho e o desenvolvimento de habilidades destaca que os gerentes podem aprender a dirigir uma empresa ou um grupo de pessoas levando em consideração as várias experiências vividas fora do ambiente empresarial. Uma análise crítica do quadro demonstra que ele se limita a avaliar o desenvolvimento de algumas habilidades e papéis de liderança, mas a

---

36 RUDERMAN, M. N.; OHLOTT, P. L. *Learning from life*: turning life's lessons into leadership experience. North Carolina: Center for Creative Leadership, 2000.

atividade gerencial é mais ampla e deve contemplar ainda o conhecimento técnico e as atitudes. As emoções também mantêm uma estreita ligação com a aprendizagem, como veremos no próximo capítulo.

QUADRO 6.3 – Comparando experiências a habilidades e desenvolvimento

PAPÉIS E EXPERIÊNCIAS FORA DO AMBIENTE DE TRABALHO	PAPÉIS DE LIDERANÇA E HABILIDADES
• Paternidade ou maternidade. • Padrasto ou madrasta. • Vender *tickets* na rodoviária a uma organização sem fins lucrativos. • Viajar para o exterior. • Vizinho difícil. • Papel de liderança em uma organização comunitária. • Advogar por uma causa social. • Planejar um importante evento social. • Voluntário em uma linha direta. • Experiências espirituais. • Programa de exercícios. • Função na lei. • Gerenciar responsabilidades familiares. • Desenvolver um time. • Casamento/relacionamento significante. • Jardinagem.	• Competência interpessoal, *coaching*, apreciação de diferenças individuais. • Gerenciamento de um projeto que iniciou como "alguém mais jovem"; lidar com situações de negócios que têm outros acionistas ativos. • Experiência em vendas e marketing; vender um conceito, propósito e missão. • Operar com sinais não familiares e informações incompletas; lidar com pessoas que são muito diferentes de você; tornar-se mais confortável para lidar com a ambigüidade. • Resolução de conflitos; habilidades de negociação e de compromisso. • Habilidades práticas com menos riscos; ver como os outros reagem ao seu estilo de liderança. • Preparar o caso para um propósito ou plano; lidar com a oposição. • Gerenciamento de projeto. • Lidar com as emergências. • Perspectiva. • Disciplina; estabelecimento de metas; perspectiva. • Apreciar diferenças culturais e individuais; manter bons relacionamentos. • Avaliar tarefas múltiplas; estabelecer prioridades; resolução de conflitos; planejamento; gerenciamento do dinheiro e do tempo. • Desenvolver e motivar pessoas; construir e liderar um time. • Colaboração; negociação; escuta. • Aprender com os erros; paciência; perspectiva.

FONTE: RUDERMAN; OHLOTT, 2000, p. 20-2.

Capítulo 7

Emoção e multidimensionalidade na prática gerencial

FALAR DE EMOÇÃO NÃO É UMA TAREFA FÁCIL, POIS EXISTEM VÁRIAS VISÕES DE MUNDO SOBRE COMO ELA INFLUENCIA A VIDA DAS PESSOAS. As percepções, as sensações e a própria compreensão do significado de uma emoção são singulares, uma vez que cada pessoa a vivencia de forma muito particular. **A emoção pode ajudar os gerentes na busca do autoconhecimento e também em seu aprendizado.** Mas como cada pessoa vivencia as emoções numa perspectiva multidimensional? Os comportamentos individuais no ambiente de trabalho estão sendo considerados determinantes na ação gerencial, sobretudo em um ambiente em que as pessoas passam a atuar de forma mais ativa nas decisões organizacionais e suas ações e reações diante das situações podem provocar atitudes que facilitam ou dificultam a sua prática profissional.

Muitos gerentes consideram o comportamento humano um dos grandes desafios da prática gerencial nos dias atuais. Por quê?

A partir do momento em que as organizações passaram a incorporar modelos de gestão focados nos resultados, além de estruturas organizacionais mais flexíveis e participativas, enfrentaram dificuldades na sua implantação em função de aspectos associados à cultura, à estrutura e também à tecnologia. Em relação à cultura, muitos gerentes afirmam que seus colaboradores não têm autonomia no desenvolvimento das atividades, não estão preparados para receber críticas e, quando as recebem, encaram como algo pessoal. Apesar do formalismo associado à autoridade do cargo, um aspecto da estrutura organizacional, as pessoas na organização muitas vezes confundem as relações profissionais com laços de amizade.

A tecnologia está intimamente ligada à maneira como as pessoas desenvolvem seu trabalho, e muitos gerentes enfrentam dificuldades para formar uma equipe com objetivos compartilhados. Isso está intimamente associado à competição por um espaço na empresa que, em vez de promover uma visão mais coletivista, leva as pessoas ao individualismo. O que esses aspectos têm em comum com as emoções no ambiente de trabalho?

O medo de perder o emprego, de ter a imagem prejudicada, de errar, de ser percebido como um incompetente e das conseqüências de seus atos foi apontado pelos gerentes de uma pesquisa como inerente às experiências vividas em sua prática gerencial.[1]

Esses medos não estão presentes apenas na vivência dos gerentes, mas de muitos trabalhadores que se preocupam cada vez mais com sua imagem profissional e buscam a permanência no ambiente de trabalho. Muitas vezes, preferem não arriscar,

[1] MEINICKE, D. *O medo na gerência*. 2003. Dissertação (Mestrado em Engenharia de Produção) – Centro Tecnológico, Universidade Federal de Santa Catarina, Florianópolis, 2003.

não assumir um posicionamento perante seus pares, seus superiores e seus subordinados, o que dificulta o aprendizado e também o desenvolvimento profissional. Em capítulos anteriores, vimos como o sofrimento e os traumas pessoais podem dificultar o desenvolvimento porque não percebemos que trazem lições de aprendizagem.

O tema "emoção no ambiente de trabalho" pode gerar polêmica porque as pessoas precisam estar predispostas a expor o que para muitos pode se configurar como uma fraqueza ou dificuldade e assim preferem não expressar as sensações emocionais, nem procuram entender como reagem a elas. Na verdade, as pessoas não têm pontos fortes nem fracos, mas características. Quando descobrimos as nossas características e as das pessoas com quem mantemos alguma relação, seja ela pessoal ou profissional, passamos a perceber que cada pessoa é singular e que o reconhecimento e o enfrentamento dessas características é que contribuirá para o nosso desenvolvimento.

Por isso, o estudo das emoções no ambiente de trabalho deve ser inserido na agenda de pesquisas acadêmicas, mas também nos debates entre gestores e colaboradores da própria empresa. Debater a emoção não é uma tarefa fácil porque ela "subentende vários ecos."[2] A maneira de pensar e agir do gerente sofreu, ao longo da evolução do ambiente e do contexto organizacional, forte influência da racionalidade. As pessoas tinham receio de manifestar suas emoções no ambiente de trabalho, como o medo e o sofrimento, e também sentimentos de amor, gratidão e afeto, em função da institucionalização de formas de dominação e controle

---

2 ROULEAU, L. Emoção e repertórios de gênero nas organizações. In: DAVEL, E.; VERGARA, S .C. (orgs.) *Gestão com pessoas e subjetividade.* São Paulo: Atlas, 2001, p. 228.

que inibiam a expressão da emoção. Isso era decorrente da incompatibilidade entre os desejos e as intenções das pessoas e os desejos e as intenções da organização.

Além disso, **o contexto empresarial levou as organizações a criar a imagem de um "trabalhador perfeito", que deve demonstrar força, coragem e determinação, dificultando a expressão da emoção, que pode se manifestar na forma de medo, sofrimento, dor, alegria, amor, culpa, entre outros.** "Numa 'super empresa' ou empresa hipermoderna, só existe lugar para 'super empregados', que devem ser 'super-homens': bonitos, felizes, altamente qualificados, que não cometem erros, enfim, perfeitos."[3]

Será que vale a pena passar a imagem de "trabalhador perfeito" se isso pode inibir a expressão da emoção no ambiente de trabalho, uma vez que a lógica institucionaliza um ambiente de competição e de individualismo? Durante muito tempo, os modelos de gestão vigentes nas organizações não favoreciam a interação entre as pessoas. Entretanto, as relações sociais fora do ambiente de trabalho eram marcadas pela integração, pela valorização do diálogo, pela confiança. As relações entre parentes e vizinhos eram pautadas na amizade, no carinho, no afeto. As pessoas conviviam de forma fraterna, mediadas pela confiança e pelo respeito mútuo.

O surgimento de novos modelos de gestão levou as organizações a passar a valorizar o trabalho em equipe, a estimular as relações interpessoais visando a uma maior interdependência entre as várias áreas da empresa, com o propósito de favorecer a troca de idéias e de experiências e a geração e difusão do

---

3 CASTELHANO, L. M. O medo do desemprego e a(s) nova(s) organização(ões) de trabalho. *Psicol. Soc.*, Porto Alegre, v. 17, n. 1, jan.–abr. 2005, p. 16.

conhecimento coletivo. Será que isso é possível diante das pressões a que se submetem os trabalhadores, sobretudo na busca de resultados, de produtividade e de rentabilidade? Existem aspectos obscuros nesse contexto, relacionados à emoção, sobretudo ao medo e ao sofrimento, que não caracterizam o "trabalhador perfeito" e não são explicitados porque poderiam passar a imagem de fraqueza, de incompetência.

E a sociedade, que caminha para o individualismo nas relações sociais, seja pela falta de tempo para convivência ou pela insegurança e desconfiança? **Como conviver numa organização que aparentemente deseja institucionalizar modelos de gestão mais coletivistas numa sociedade em que o individualismo emerge como conseqüência das transformações nas relações sociais?** Devemos refletir sobre o nosso papel dentro desse contexto e não esquecer que o ser humano não deve deixar que os interesses se sobreponham às suas paixões, aos seus valores.

No último capítulo deste livro, vamos discutir como a emoção e a multidimensionalidade estão presentes na prática gerencial, além de revelar os vínculos entre emoção e aprendizagem. Inicialmente, torna-se necessário situar o leitor no significado da emoção e em algumas teorias que abordam o tema.

7.1 O significado e as perspectivas teóricas da emoção

NA LITERATURA ACADÊMICA EXISTE UM DEBATE relacionado à emoção e, como não há consenso sobre sua definição[4], muitos

---

4 ASHFORTH, B. E.; HUMPHREY, R. H. Emotion in the workplace: a reappraisal. *Human Relations*, v. 48, n. 2, p. 97-125, fev. 1995.

a consideram um estado, um sentimento, um processo, ou uma combinação dos três. Quando considerada um estado, a emoção pode ser definida como um estado afetivo de consciência que é diferenciado dos cognitivos e volitivos. Na literatura psicológica, a emoção se refere a um sentimento, afeto, estado afetivo, sensação, interesse e temperamento.[5]

Ashforth e Humphrey definem emoções como "um estado de sentimento subjetivo."[6] A definição inclui dois tipos de emoções: as *básicas* (alegria, amor, medo) e as *sociais* (vergonha, culpa, ciúme). Também está relacionada a construtos como afeto, sentimentos e humor. Godoi ressalta que

> na literatura encontra-se, eventualmente, a utilização dos termos afeto, emoção e sentimento, aparentemente como sinônimos. Entretanto, na maioria das vezes, o termo emoção aparece relacionado ao componente biológico do comportamento humano, referindo-se a uma agitação, a uma reação de ordem física. Já a afetividade é utilizada com uma significação mais ampla, referindo-se às vivências dos indivíduos e às formas de expressão mais complexas e essencialmente humanas.[7]

As emoções também são vistas como um sistema de reações, sendo afetadas pela forma como os indivíduos interpretam uma situação. **As situações organizacionais geram continuamente**

---

5 BROWN, R. B. Contemplating the emotional component of learning: the emotions and feelings involved when undertaking an MBA. *Management Learning*, v. 31, n. 3, p. 275-93, 2000.
6 ASHFORTH; HUMPHREY, *op. cit.*, p. 99.
7 GODOI, C. K. *Categorias da motivação na aprendizagem.* 2001. Tese (Doutorado em Engenharia de Produção) – Programa de Pós-Graduação em Engenharia de Produção, Universidade Federal de Santa Catarina, Florianópolis, 2001, p. 95.

respostas emocionais que dependem da maneira como as pessoas as interpretam, o que contribui para a construção de significados e da experiência. Isso indica que as emoções são influenciadas pela aprendizagem, na medida em que as pessoas usam o conhecimento para informar sua compreensão. Quando estamos diante de um desafio, quando lidamos com uma situação não familiar ou um contexto diferente, a reconstrução de significados pode implicar diferentes respostas.[8]

Ashforth e Humphrey[9] classificam os estudos que envolvem as emoções em dois pólos principais: de um lado, os *construcionistas sociais* e os *interacionistas simbólicos*; de outro, os que defendem perspectivas *naturalistas* e *positivistas*. Os autores propõem uma abordagem intermediária para a experiência da emoção, denominada "interpretativa". Essa abordagem destaca a importância das interpretações das pessoas ao experienciar emoções em determinadas situações. Tal interpretação pode ser relativamente automática (medo decorrente de um insulto direto) ou estudada (medo após refletir sobre as palavras dos gerentes), e destaca a importância do contexto em induzir e/ou interpretar estímulos ou modificações. Ressalta-se, ainda, que não se pode argumentar que o *locus* da experiência emocional reside ou na pessoa (psicologia) ou na situação (contexto social). Essa abordagem intermediária é mais consistente com modelos interacionistas.

---

8 ANTONACOPOULOU, E.; GABRIEL, Y. Emotion, learning and organizational change: towards an integration of psychoanalytic and other perspectives. *Journal of Organizational Change Management*, v. 14, n. 5, 2001.

9 ASHFORTH; HUMPHREY, *op. cit.*, p. 100.

Quando Rouleau argumenta que, "para compreender o que se passa numa interação e, mais ainda, o que faz uma pessoa ser sujeito, não se pode abstrair a dimensão emotiva da ação. As emoções estão intimamente relacionadas à cognição e à interação"[10], verifica-se que há uma forte ligação com a abordagem interpretativa de Ashforth e Humphrey[11], na medida em que o processo cognitivo ocorre na pessoa e a interação se dá no contexto social.

Outros autores que discutem as múltiplas abordagens das emoções são Brown[12], Gabriel e Griffiths[13] e Antonacopoulou e Gabriel.[14] Eles classificam as emoções em três abordagens: a Inteligência Emocional, a Construcionista Social e a Psicoanalítica. O quadro a seguir caracteriza cada uma delas.

QUADRO 7.1 – Principais características (idéias) das abordagens inerentes às emoções

INTELIGÊNCIA EMOCIONAL	CONSTRUCIONISTA SOCIAL	PSICOANALÍTICA
• O trabalho nas organizações depende crucialmente das habilidades emocionais, tais como empatia, sensibilidade para os sentimentos dos outros ou a raiva e administração da emoção, autocompreensão e assim por diante.	• As emoções são fenômenos sociais; em contraste com os sentimentos que são respostas pessoais a interações sociais, as emoções são culturalmente formadas – assim, as pessoas aprendem a experienciar a dor de um funeral e a excitação de uma cavalgada no parque.	• A emoção e a racionalidade são princípios motivacionais em conflito, pelo menos algumas vezes. A racionalização é um mecanismo de defesa chave, por meio do qual explanações racionais obscurecem motivos emocionais inoportunos.

10 ROULEAU, 2001, p. 229.
11 ASHFORTH; HUMPHREY, 1995.
12 BROWN, 2000.
13 GABRIEL, Y.; GRIFFITHS, D. S. Emotion, learning and organizing. *The Learning Organization*, v. 9, n. 5, p. 214-21, 2002.
14 ANTONACOPOULOU; GABRIEL, 2001.

EMOÇÃO E MULTIDIMENSIONALIDADE NA PRÁTICA GERENCIAL

- As habilidades integram uma entidade que pode ser vista como capacidade ou inteligência emocional, que os indivíduos adquirem para diferentes magnitudes da vida juvenil e desenvolvem subseqüentemente.

- A inteligência emocional pode ser quantificada, e indivíduos com alta inteligência emocional são mais capazes de lidar com os outros, fechar acordos, se relacionar ou vender produtos, por meio de dispositivos inteligentes de suas próprias emoções e do gerenciamento e exploração das emoções dos outros.

- A inteligência emocional é apropriada para ser desenvolvida e enriquecida por meio da sensibilidade, de representações e treinamento.

- Se a inteligência emocional pode ser aprendida, a aprendizagem em si é condicionada pela inteligência emocional, por exemplo, na habilidade de sustentar a motivação, controlar as decepções, diminuir a ansiedade e formar relações emocionais com pessoas capazes de ensinar.

- As emoções são construídas no ato da sua descrição pela linguagem e ordenadas na presença do público. O público é fundamental. Contextos culturais e sociais fornecem as regras, os argumentos e os vocabulários das manifestações emocionais para diferentes audiências: o Eu, alguém amado, chefe, subordinado etc.

- As emoções são aspectos aprendidos de comportamento e situações específicas; elas são instrumentais na definição de relações de diferença, posição, *status*, autoridade.

- As emoções são geralmente não irracionais, mas completamente práticas; em muitos exemplos, elas representam julgamentos conscientes e causam resultados específicos.

- O exercício da emoção representa o trabalho psicológico consumido em reconciliar sentimentos pessoais com manifestações da emoção sancionadas socialmente.

- A mobilidade e a plasticidade das emoções são enfatizadas, não em resposta a fatores externos, mas como uma conseqüência do trabalho psicológico. A inveja pode facilmente ser transformada em raiva, que por sua vez pode provocar culpa, que pode se manifestar na tentativa de conformar e reparar. De uma perspectiva analítica, as emoções não são apenas *movers*, mas também o que está em movimento; é raro capturar uma emoção em um estado fixo (como quando alguém fala de "emoções consumidoras"); freqüentemente, o ato de capturar a emoção instantaneamente leva à sua transformação.

- Enfatiza que a ambivalência maior parte das emoções importantes. O ódio é raramente confrontado de forma distinta com o amor; a inveja, com a fascinação; a raiva, com a culpa; o medo, com a atração.

- A emoção não é simplesmente externa (i.e., reconciliando sentimentos com as demandas das situações sociais), mas também interna, o que significa lidar com conflitos, contradições e ambivalências e manter algum senso de ordem na potencialidade caótica dos estados emocionais.

- Persiste contra a existência de um aspecto quantitativo da emoção; algumas emoções, como uma inveja moderada ou decepção, podem ser mantidas a distância, mesmo que não se oponham a emoções poderosas quase invariavelmente, ou conduzam a uma descarga (mediante ações verbais ou não verbais, que têm conseqüências contraproducentes ou prejuízos) ou para operações defensivas que levam à sua neutralização ou repressão.

FONTE: BASEADO EM GABRIEL E GRIFFITHS, 2002, p. 215-7.

Essas três abordagens nos mostram diferentes olhares sobre a emoção. A abordagem da *inteligência emocional* está associada ao desenvolvimento de habilidades emocionais intimamente relacionadas à capacidade de compreender e lidar com as emoções. Aprender a gerenciar as emoções promove o desenvolvimento da inteligência emocional, e isso auxilia no relacionamento interpessoal. Por outro lado, a abordagem do *construcionismo* social situa a emoção como um fenômeno social que ocorre em determinada cultura e contexto social. Está intimamente ligada à maneira como as pessoas interagem e se relacionam em certa situação. O aprendizado é associado às experiências emocionais vividas em determinado contexto social. Já a abordagem *psicoanalítica* considera que a emoção não está vinculada apenas a uma situação vivida em um contexto, mas também a um estado interno, muitas vezes ambivalente.

Em seu dia-a-dia, o gerente depara com situações em que as emoções se manifestam de várias maneiras e o processo de aprendizagem pode ocorrer por meio da interação, da reflexão e também do processo de autoconhecimento, que visa levá-lo a compreender as sensações vividas em suas experiências, sejam elas ligadas a reações físicas, comportamentais ou atitudinais. **A capacidade de lidar com as emoções pode estar associada ao desenvolvimento de habilidades, à reflexão sobre as experiências em determinado contexto ou à busca de maior compreensão sobre a maneira como o organismo reage diante de uma situação.**

"A discussão sobre emoções remete-nos à experiência subjetiva, aos sentimentos ou, ainda, à vida afetiva dos indivíduos."[15] A autora destaca que também existem várias abordagens envolvendo emoções. Algumas delas vislumbram o fenômeno como uma propriedade da ação das pessoas, difícil de representar e definir, pois é latente e dinâmico, resultado do passado e expressão do presente. As emoções envolvem um sinal ou meio de comunicação e são indicadores que indicam as interações dos agentes com as situações vividas por eles. Também estão relacionadas ao processo de cognição.

Neste capítulo, não se pretende aprofundar as discussões sobre cada abordagem, mas verificar como os gerentes experienciam os diversos sentimentos ou sensações vivenciados em sua prática.

No capítulo que envolve o papel da experiência na aprendizagem, pôde-se perceber que na prática profissional os gerentes vivenciam situações de aprendizagem que são significativas, desde que sejam capazes de refletir sobre tais situações e busquem delas extrair experiências que contribuam para a aprendizagem.

7.2 Refletindo sobre o medo e a aprendizagem gerencial

NO ESTUDO ENVOLVENDO O MEDO na prática gerencial, Meinicke o define como

> uma emoção básica, inerente a todo o ser humano, em todas as suas faixas etárias, independentemente de seu grau cultural e nível intelectual. Uma emoção provocada pela tomada de consciência de um

---

15 ROULEAU, 2001, p. 228-9.

perigo presente e urgente, real ou imaginário; uma reação a algo desconhecido e tomado como ameaça. O medo é uma emoção desafiadora, que não significa falta de coragem ou covardia, mas sim um impulso para a ação ou não ação, que é também uma ação.[16]

A autora utilizou esse conceito como um ponto de partida para compreender a vivência do medo de gerentes de uma empresa multinacional. Um dos aspectos revelados no estudo, além das cinco faces do medo (medo de rejeição, de errar, da incompetência, de ter a imagem prejudicada e das conseqüências), foi o vínculo entre medo e aprendizagem.

O aprendizado dos gerentes em relação à vivência do medo está ligado à relação entre a experiência vivida do medo, a reflexão sobre a experiência e a ação pós-reflexão, que promove a aquisição de conhecimento associado ao aprendizado de como lidar com novas situações no ambiente de trabalho. O processo de reflexão dos gerentes em torno da vivência do medo os levou a rever suas perspectivas de significados. A percepção dos gestores da pesquisa sobre o medo levou a autora às seguintes constatações:

QUADRO 7.2 – A percepção do medo na prática gerencial

• A reflexão sobre o medo é uma oportunidade de crescimento pessoal (de se sentir mais humano);
• o medo é uma emoção e senti-lo não é algo vergonhoso;
• ao tomar uma decisão, há uma sensação de medo;

---

16 MEINICKE, D. *O medo na gerência*. 2003. Dissertação (Mestrado em Engenharia de Produção) – Centro Tecnológico, Universidade Federal de Santa Catarina, Florianópolis, 2003, p. 40-1.

> - o medo decorre do confronto com situações desconhecidas, nas quais os gerentes se sentem desafiados a encontrar melhores soluções;
> - lidar com o medo é sempre um desafio proporcional ao tamanho do risco;
> - existe dificuldade em lidar com o medo em função das várias facetas que ele apresenta;
> - o medo é uma forma de autoconhecimento, noções das próprias situações;
> - o medo está associado a algo desconhecido, que impede a ação num primeiro momento e não se manifesta de forma única;
> - a melhor forma de lidar com o medo é aceitar que ele – o medo – é uma emoção natural do ser humano;
> - o medo é uma emoção que as pessoas precisam considerar, uma vez que é a sua vivência que faz a diferença.

FONTE: MEINICKE, 2003.

Uma reflexão sobre o Quadro 7.2 leva à compreensão de que o medo é uma emoção que pode contribuir para o crescimento profissional. **A partir do momento em que as pessoas refletirem sobre as situações de medo vivenciadas, abrir-se-á a possibilidade do aprendizado, uma vez que a compreensão do medo ajuda o gerente a se posicionar melhor diante das situações vividas no contexto da organização e também da vida.** Esse processo de aprendizado surge assim que o gerente passa a perceber as situações de forma diferente. "À medida que os gerentes trabalham seus medos, a vida se torna mais harmoniosa e, conseqüentemente, eles são mais capazes de lidar com as adversidades."[17] A reflexão sobre os medos

---

17 MEINICKE, D.; SILVA, A. B. Vivenciando o medo na prática gerencial. In: ENCONTRO DA ASSOCIAÇÃO NACIONAL DE PÓS-GRADUAÇÃO E PESQUISA EM ADMINISTRAÇÃO, 31, 2007, Rio de Janeiro-RJ. *Anais...* Rio de Janeiro-RJ: Anpad, 2007. [CD-ROM].

vividos pelos gerentes surge como uma forma de aprendizado e crescimento profissional.

Para Dewey, o processo de refletir sobre a experiência está vinculado a uma associação entre fazer e experimentar,

> com alguma coisa que em conseqüência a pessoa sente ou sofre. A separação do aspecto ativo do fazer, do aspecto passivo do sofrer ou sentir, destrói o significado vital de uma experiência. Pensar é o ato cuidadoso e deliberado de estabelecer relações entre aquilo que se faz e as suas conseqüências.[18]

7.3 A vivência das emoções e a aprendizagem de gerentes

MUITAS PESSOAS TÊM DIFICULDADES DE COMUNICAÇÃO, de expressar seus sentimentos ou de ser assertivas, e isso pode estar vinculado às experiências vivenciadas em algum momento de suas vidas. Como lidar com essas dificuldades? Como aprender a extrair de situações vividas experiências que podem contribuir para o aprendizado individual e o desenvolvimento profissional? **Aprender a lidar com as emoções é um processo de busca do autoconhecimento, decorrente da identificação dos fatores que influenciam a ação gerencial, do estabelecimento de um processo reflexivo em busca de uma maior compreensão sobre o significado das experiências vivenciadas em um contexto social.** Que sensações ou sentimentos você vivencia no ambiente de trabalho e como reage a eles?

---

18 DEWEY, J. *Democracia e educação*: introdução à filosofia da educação. 4. ed. São Paulo: Nacional, 1979, p. 165.

A partir do momento em que os gerentes buscarem compreender os significados das sensações ou sentimentos vividos em sua prática gerencial, as emoções poderão se transformar em grandes *inputs* para a aprendizagem, desde que se tenha a maturidade suficiente para refletir sobre suas experiências.

Para Antonacopoulou e Gabriel[19], a emoção e a aprendizagem podem ser estudadas como fenômenos separados, mas elas são inter-relacionadas, interativas e interdependentes, e muitas vezes as organizações e os estudos organizacionais tendem a negligenciar essa visão integrada. Os autores argumentam que períodos de rápidas e complexas mudanças geram uma grande demanda das habilidades dos indivíduos e das organizações para aprender a encontrar o equilíbrio emocional. A combinação entre emoção e aprendizagem é uma fonte poderosa de significado e direção, apoiando ou inibindo pessoas ou organizações em suas tentativas de redefinir cenários e descobrir o seu lugar.

"As emoções são uma parte integral, inseparável e inevitável do dia-a-dia da vida organizacional."[20] Elas estão presentes nos momentos de frustração ou alegria, dor ou medo, um forte senso de insatisfação ou comprometimento. A experiência no trabalho está arraigada de sentimento.[21]

Vale ressaltar que **as emoções vividas no trabalho não ficam no trabalho. O gerente é um ser multidimensional, apesar de a lógica predominante no contexto organizacional o induzir a valorizar cada vez mais a dimensão trabalho, conduzindo-o a uma visão unidimensional e**

---

19 ANTONACOPOULOU; GABRIEL, 2001, p. 435.
20 GABRIEL; GRIFFITHS, 2002, p. 214.
21 ASHFORTH; HUMPHREY, 1995.

alienada da realidade. Como afirmam Meinicke e Silva[22], à medida que mais empresas passarem a compreender a multidimensionalidade da ação gerencial, haverá um incremento no interesse pelo estudo das emoções e suas expressões no espaço social do trabalho.

Smyrnios *et al.*[23], após realizarem uma análise da literatura, constataram que existe uma associação entre as emoções do ser humano e os conflitos entre trabalho e família. Os conflitos interpessoais no trabalho podem culminar em ansiedade, frustração, sintomas físicos e insatisfação. **Ao experienciarem altos níveis de conflito entre trabalho e família, os gerentes podem passar a apresentar elevados níveis de ansiedade porque estão mais suscetíveis a se sentir sufocados por não ser capazes de cumprir as obrigações com a família.** Dessa forma, compreender como os gerentes vivenciam as relações entre os papéis exercidos na empresa e na família pode auxiliá-los a descobrir alternativas para gerenciar melhor a vida dentro e fora da organização.

QUADRO 7.3 – Implicações dos conflitos vivenciados pelos gerentes

CATEGORIA	SIGNIFICADOS
Implicações dos conflitos experienciados na prática gerencial e nas relações em família pelos gerentes.	Reações emocionais (mágoa, irritação, angústia). Cansaço físico. Problemas de saúde (estresse, gastrite, insônia). Relações afetivas (discussões, atitudes inadequadas).
Implicações da qualificação profissional e da prática gerencial nos conflitos familiares.	Redução do tempo dedicado à família. Privação do convívio familiar. Reclamações, cobranças e pressões da família. Sentimento de insegurança, de perda por parte da família. Divergências entre os cônjuges.
Implicações dos conflitos familiares na prática gerencial.	Dificuldade para a realização do trabalho. Mudança de humor. Falta de disposição. Preocupação. Dificuldade de concentração. Redução no desempenho.

FONTE: SILVA, 2005, p. 201.

22 MEINICKE; SILVA, 1980.
23 SMYRNIOS, K. X. *et al.* Work-family conflict: a study of American and Australian family businesses. *Family Business Review*, v. 16, n. 1, p. 35-51, mar. 2003.

Os resultados de um estudo realizado com gerentes de uma instituição financeira revelam as implicações da vivência de conflitos na vida profissional e familiar (Quadro 7.3).

A percepção dos gerentes é de que os conflitos nas relações em família os afetam emocionalmente, e isso refletiu em seu desempenho na prática gerencial, pois tais conflitos levam a mudança de humor, dificuldade de concentração, preocupações e dificuldades na realização de atividades, uma vez que seus pensamentos se voltam para a situação que gerou o conflito no ambiente familiar.

Os conflitos decorrentes da prática gerencial também tiveram repercussões nas relações em família dos gerentes. Para eles, tanto os conflitos familiares como os experienciados na prática gerencial trouxeram conseqüências emocionais e físicas. Nos resultados dos estudos realizados por Smyrnios *et al.*[24] e Marchese *et al.*[25], as conseqüências emocionais e físicas também foram indicadas como decorrentes dos conflitos na relação trabalho e família. Pleck *et al.*[26] ressaltam que, ao demandar uma alta carga física ou mental, o trabalho pode gerar fadiga e irritabilidade, causando problemas na família. Greenhauss e Beutell[27] e Smyrnios *et al.*[28] também destacaram a existência de evidências de que estressores no trabalho produzem sintomas de tensão como ansiedade, fadiga, depressão, apatia e irritabilidade. No caso dos gerentes pesquisados, a pressão e o estresse do trabalho os deixaram cansados, exaustos, irritados.

---

24 SMYRNIOS *et al.*, 2003.
25 MARCHESE, M. C. *et al.* Work-family conflict: a virtue ethics analysis. *Journal of Business Ethics*, v. 40, n. 2, p. 145-54, 2002.
26 PLECK, J. H. *et al.* Conflict between work and family life. *Monthly Labor Review*, v. 103, n. 3, p. 29-32, 1980.
27 GREENHAUS, J. H.; BEUTELL, N. J. Sources of conflict between work and family roles. *Academy of Management Review*, v. 10, n. 1, p. 76-88, 1985.
28 SMYRNIOS *et al.*, 2003.

Quando surgem problemas profissionais que transbordam para a vida pessoal, existem conseqüências negativas com relação à qualidade da vida extra-organização. Essa afirmativa pode ser ratificada nos resultados da pesquisa desenvolvida por Tonelli e Alcadipani – "a quantidade de trabalho dos gerentes afeta a sua vida familiar."[29]

Os gerentes devem estar conscientes dos fatores inerentes ao trabalho que influenciam sua vida pessoal e aprender a lidar com situações em que não serão bem-sucedidos, pois isso pode provocar decepções em suas carreiras. Esses episódios críticos podem se configurar como situações que contribuem para o crescimento. A forma como os gerentes lidam com as decepções pode contribuir para mudanças nas suas atitudes.[30]

Os resultados da pesquisa realizada por Bartolomé e Evans[31] demonstraram uma ampla confirmação das observações de Zaleznik. Para os autores, é realmente difícil para as pessoas enfrentar a decepção. A experiência desperta nelas fortes sentimentos de perda que elas transformam em raiva contra si mesmas, o que algumas vezes se manifesta como depressão ou recolhimento. Mas as pessoas combatem tais situações de diversas maneiras. Após um curto período de lamentação por suas perdas, algumas se lançam de volta (tendo aprendido alguma coisa) e se adaptam com sucesso; outras ficam permanentemente presas em posições amargas e autodestrutivas.

---

29 TONELLI, M. J.; ALCADIPANI, R. O trabalho dos executivos: a mudança que não ocorreu. In: ENCONTRO DA ASSOCIAÇÃO NACIONAL DE PÓS-GRADUAÇÃO E PESQUISA EM ADMINISTRAÇÃO, 27, 2003, Atibaia-SP. *Anais...* Atibaia-SP: Anpad, 2003, CD-ROM. p. 15.

30 ZALEZNIK, A. Management of disappointment. *Harvard Business Review*, p. 35-46, nov.–dez. 1967.

31 BARTOLOMÉ, F.; EVANS, P. A. L. Must success cost so much? *Harvard Business Review*, p. 137-48, mar.–abr. 1980.

Essas posições trazem conseqüências para a carreira e para a vida pessoal. Vários estudos psicológicos com pessoas criativas, incluindo líderes, sugerem que a preocupação com o sucesso é menos importante do que o papel das decepções no desenvolvimento de uma carreira.[32] Zaleznik afirma que ninguém está imune às decepções. Os gerentes que querem poder e responsabilidade ou procuram expressões criativas estão vulneráveis a episódios nos quais a realidade não condiz com seus desejos e intenções.

Nesse sentido, é necessário que os gerentes se conscientizem da necessidade de se conhecer melhor. Bartolomé[33] ressalta que as pessoas devem ser capazes de entrar em contato com seus sentimentos e se engajar mais profundamente em experienciá-los e expressá-los. Isso não é algo que se desenvolve da noite para o dia e requer o desenvolvimento de algumas habilidades difíceis, tais como: entrar em contato com os sentimentos sem ser sufocado ou assustado por eles; lidar com os sentimentos depois de entrar em contato com eles; expressar os sentimentos quando quiser; experienciar e expressar os sentimentos de forma rica e confiante.

O autor conclui afirmando que o ato de entrar em contato com os próprios sentimentos torna as pessoas mais "ricas", além de proporcionar a possibilidade de viver de forma mais intensa a única coisa que se tem: a vida.[34]

De acordo com Bartolomé e Evans[35], em sua jornada de trabalho, todo gerente experimenta preocupação, tensão, receio,

---

32 ZALEZNIK, 1967.
33 BARTOLOMÉ. Executives as human beings. *Harvard Business Review*, v. 50, p. 62-9, nov.–dez. 1972.
34 BARTOLOMÉ; EVANS, 1972.
35 BARTOLOMÉ; EVANS, 1972.

dúvida e estresse intenso, e muitas vezes não é capaz de se desvencilhar desses sentimentos quando vai para casa. Tais sentimentos o deixam psicologicamente indisponível para uma vida privada saudável. Se um gerente é infeliz no trabalho, tem uma chance limitada de ser feliz em casa.

Será que essa afirmativa pode ser generalizada? Muitas vezes, a infelicidade pode influenciar as ações gerenciais e a vida pessoal. Alguns sentimentos podem ter um efeito positivo na vida das pessoas quando se sentem realizadas, competentes e satisfeitas com o trabalho. Mas quando ocorre o transbordamento (sobrecarga) emocional negativo, isto é, quando os sentimentos vividos no trabalho interferem na vida pessoal, podem surgir problemas em casa. Alguns sintomas de transbordamento emocional negativo são causados pela frustração, pela insegurança e negócios não concluídos.[36]

Quando as emoções negativas transbordam, os gerentes freqüentemente expressam as insatisfações com seus estilos de vida e relatam que querem mais tempo para a vida privada. Os sentimentos que transbordam no trabalho são manifestados em casa. Algumas vezes são expressos por ausência psicológica, outras vezes por atos de agressão. Uns perdem o controle com as crianças, outros explodem em fúria quando suas esposas cometem um erro mínimo. Tal agressão é visível e dolorosa, mas o recolhimento é igualmente prejudicial para os relacionamentos familiares.[37]

36 BARTOLOMÉ; EVANS, 1972.
37 BARTOLOMÉ; EVANS, 1972.

Quando há um desequilíbrio entre trabalho e vida pessoal, muitos gerentes passam a ter comportamentos que acabam provocando problemas físicos e emocionais. Por conseqüência, há um efeito negativo na produtividade e também nas relações interpessoais.

Para Bartolomé e Evans[38], o trabalho e a vida pessoal podem ficar em harmonia e reforçar um ao outro se, e apenas se, evitamos as armadilhas pessoais e da carreira e enfrentamos de forma satisfatória as emoções que surgem no trabalho. Por outro lado, os gerentes que não conseguem administrar o lado emocional do trabalho alcançam sucesso profissional à custa da vida privada.

Uma das grandes preocupações da atualidade envolve a busca de um ajuste entre trabalho e vida pessoal. Para Bartolomé e Evans[39], um ajuste entre indivíduo e trabalho ocorre quando a pessoa experimenta três sentimentos positivos ao mesmo tempo: sente-se competente, aprecia o trabalho e sente que seu trabalho e seus valores morais coincidem. Nesse sentido, o trabalho não deve se ajustar aos conhecimentos e às habilidades das pessoas, mas a seus motivos e valores. Essa sensação também está intimamente ligada à maneira como os gerentes reagem às situações vividas, e isso também se reflete na dimensão subjetiva, emocional, da vida no trabalho.

Quando uma dessas situações está ausente, ocorre um desajuste. Esse desajuste pode ser de três tipos:[40]

---

38 BARTOLOMÉ; EVANS, 1972.
39 BARTOLOMÉ; EVANS, 1972.
40 BARTOLOMÉ; EVANS, 1972, p. 142-4.

ⓐ Desajuste de competência: ocorre quando a pessoa se sente orgulhosa do que faz, procura ser dedicada para manter o emprego, mas não se sente segura da sua habilidade para realmente dominar o trabalho.

ⓑ Desajuste de prazer: ocorre quando um indivíduo é competente no seu trabalho e se sente orgulhoso em realizá-lo, porém não gosta dele. A infelicidade causada pelo desajuste de prazer pode levar à infelicidade e ao transbordamento emocional negativo. Alguns fatores que podem provocar o desajuste de prazer são: antipatia intrínseca de características do trabalho, permanência em um cargo por muito tempo e grande volume de trabalho. "Algumas pessoas que acham muito difícil dizer não aos desafios e tarefas que apreciam fazer concordam em realizá-las de forma demasiada. O estresse resultante causa erosão do prazer intrínseco das tarefas."[41]

ⓒ Desajuste moral: acontece quando os indivíduos apreciam o seu trabalho e são competentes, mas não sentem orgulho do que fazem, quando sentem que comprometem os seus valores.

Para os autores, cada uma dessas formas de não se ajustar a um trabalho é perigosa. Se os indivíduos aceitam tarefas para as quais lhes falta competência, arriscam-se a sentir falta de segurança pessoal contínua. Se aceitam trabalhos para os quais são habilidosos, mas não gostam de fazer, vão se sentir entediados. Se aceitam trabalhos dos quais não sentirão orgulho, não ficarão em paz consigo próprios.

41 BARTOLOMÉ; EVANS, 1980, p. 143.

De todos os tipos de desajuste citados, o que é mais fácil de ser identificado é o de competência, por ser o único que as pessoas da empresa podem enxergar. Todos os tipos de desajuste citados têm efeitos na vida pessoal e acabam trazendo problemas para os relacionamentos pessoais, e isso inclui a família.

Analisando as implicações que o desajuste no trabalho pode trazer para a vida pessoal, constata-se a importância que as emoções exercem na vida das pessoas, pois se manifestam em função de uma situação ou experiência vivida e que muitas vezes podem ser percebidas por meio de expressões corporais ou ainda de sentimentos. Como afirma Rouleau, "as emoções são parte integrante das estratégias e dos jogos dos atores sociais."[42]

Como a vida pode ser metaforicamente comparada a um jogo em que há a necessidade de estabelecer uma estratégia para a busca da vitória, pode-se afirmar que a busca do equilíbrio entre trabalho e vida pessoal depende da forma como as pessoas experienciam a vida. Esse processo é rico em oportunidades de aprendizagem, e a forma como as pessoas encaram as situações pode trazer grandes modificações na sua maneira de visualizar o mundo.

Muitos se dedicam à carreira e esquecem de valorizar as outras dimensões da vida. O espaço e o tempo[43] são direcionados para o trabalho, e muitas vezes a busca do sucesso acaba gerando grandes decepções. No seu estudo sobre as decepções, Zaleznik[44] ressalta que o fator-chave para lidar com elas é a capacidade de correlacionar as emoções com as perdas da carreira

---

42 ROULEAU, 2001, p. 229.
43 TONELLI, M. J. Organizações, relações familiares e amorosas. In: DAVEL, E.; VERGARA, S. C. (orgs.) *Gestão com pessoas e subjetividade*. São Paulo: Atlas, 2001, p. 243-62.
44 ZALEZNIK, 1967, p. 45.

pessoal. A fuga do trabalho que o domina é geralmente associada com a capacidade limitada dos indivíduos para tolerar emoções que gerem sofrimento. Se o processo for reflexivo, há a possibilidade de tirar grandes lições que poderão servir de fonte de aprendizado.

Na pesquisa realizada por McCall *et al.*[45], as experiências vividas pelo gerente e os sofrimentos a elas associados demonstram que existe uma relação entre emoção e aprendizagem, mas o processo só é significativo se for reflexivo. O grande desafio envolve a busca do autoconhecimento. A reflexão sobre as experiências no trabalho e na vida pessoal pode ajudar a compreender a relação entre experiência e aprendizagem abordada no Capítulo 5.

A análise dessa afirmativa demonstra que as experiências vividas dos gerentes têm muitos significados. Isso indica que todas as suas ações são influenciadas pelo que ele aprendeu ao longo de sua trajetória de vida. As discussões que envolvem a multidimensionalidade na prática gerencial não se encerram neste capítulo, mas serão abordadas em outro livro, cuja temática abordará a vivência de gerentes nas relações entre trabalho e vida pessoal. **A família, o tempo, os conflitos, o equilíbrio são temas que integram a vida dos gerentes e não podem ser tratados de forma dissociada, mas integrada, complexa e multidimensional.**

---

45 McCALL, M. *et al. The lessons of experience*: how successful executives develop on the job. Lexington, MA: Lexington Books, 1988.

O encerramento de um livro é como um capítulo da História, em que passado, presente e futuro muitas vezes se encontram para debater e dialogar sobre os eventos, os fatos e a trajetória de vida das pessoas. Que este livro o ajude a entender um pouco da sua trajetória, a refletir e repensar sua prática diária e planejar sua vida futura. O próximo capítulo da História é seu. Ele é único e singular. Por isso, viva cada momento de forma intensa e significativa, pois as experiências são ricas em aprendizagem. São as que ficam e caracterizam a **sua** história.

Referências

Capítulo 1

ANTUNES, R. *Adeus ao trabalho?* Ensaio sobre as metamorfoses e a centralidade do mundo do trabalho. 7. ed. São Paulo: Cortez, 2000.

BARNARD, C. *As funções do executivo.* São Paulo: Atlas, 1971.

BECKHARD, R. Sobre líderes do futuro. In: HESSELBEIN, F. *et al.* O líder do *futuro:* visões, estratégias e práticas para uma nova era. São Paulo: Futura, 1996, cap. 13, p. 141-4.

BERNARDES, C. *Teoria geral da administração:* a análise integrada das organizações. São Paulo: Pioneira, 1993.

BRAVERMAN, H. *Trabalho e capital monopolista:* a degradação do trabalho no século XX. 3. ed. Rio de Janeiro: Guanabara, 1987.

CARLSON, S. *Executive behaviour.* University of Uppsala, Sweden: Textguppen I Uppsala AB, 1951.

CASTELLS, M. *A sociedade em rede.* 5. ed. São Paulo: Paz e Terra, 2001.

DAFT, R. L. *Organizações:* teoria e projetos. São Paulo: Pioneira Thomson Learning, 2003.

DIJKSTERHUIS, M. S. *et al.* Where do new organizational forms come from? Management logics as a source of coevolution. *Organization Science,* v. 10, n. 5, p. 569-82, set.–out. 1999. Focused Issue: Coevolution of Strategy and New Organizational Forms.

DRUCKER, P. *A nova era da administração.* 4. ed. São Paulo: Pioneira, 1992.

DRUCKER, P. *Administração:* responsabilidades, tarefas e práticas. São Paulo: Pioneira, 1975. v. 2.

FAYOL, H. *Administração industrial e geral.* 10. ed. São Paulo: Atlas, 1994.
GOULART, I. B.; GUIMARÃES, R. N. Cenários contemporâneos do mundo do trabalho. In: GOULART, I. B. (org.). *Psicologia organizacional e do trabalho:* teoria, pesquisa e temas correlatos. São Paulo: Casa do Psicólogo, 2002.
GRISCI, C. L. I. *et al.* Trabalho imaterial, controle e subjetividade na reestruturação produtiva bancária. In: ENCONTRO DA ASSOCIAÇÃO NACIONAL DE PÓS-GRADUAÇÃO E PESQUISA EM ADMINISTRAÇÃO, 28, 2004, Curitiba. *Anais...* Curitiba: Anpad, 2004. [CD-ROM].
HARVEY, D. *Condição pós-moderna.* 9. ed. São Paulo: Edições Loyola, 2000.
HELOANI, R. *Organização do trabalho e administração:* uma visão multidisciplinar. São Paulo: Cortez, 1994.
IANNI, O. *A era do globalismo.* 2. ed. Rio de Janeiro: Civilização Brasileira, 1996.
KOONTZ, H. *et al. Administração:* fundamentos da teoria e da ciência. 15. ed. São Paulo: Pioneira, 1995.
LACOMBE, F.; HEILBORN, G. *Administração:* princípios e tendências. São Paulo: Saraiva, 2003.
MAXIMIANO, A. C. A. *Teoria geral da administração:* da escola científica à competitividade na economia globalizada. 2. ed. São Paulo: Atlas, 2000.
MINTZBERG, H. The manager´s job: folklore and fact. *Harvard Business Review,* v. 68, n. 2, mar.–abr. 1990.
MINTZBERG, H. *The nature of managerial work.* Nova York: Harper and Row Publishers, 1973.
MOTTA, P. R. *Gestão contemporânea:* a ciência e a arte de ser dirigente. 2. ed. Rio de Janeiro: Record, 1991.
REIMBOLD, M.F.; BREILLOT, J.M. *Gerer la competence dans L´entreprise.* Paris: Editions L´Harmattan, 1995.
ROBBINS, S.; COULTER, M. *Administração.* 5. ed. Rio de Janeiro: Prentice Hall Brasil, 1998.
SENGE, P. (org.). *A dança das mudanças.* Rio de Janeiro: Campus, 1999.
SIMON, H. A. *Comportamento administrativo.* Rio de Janeiro: FGV, 1970.
STEWART, R.; FONDAS, N. How managers can think strategically about their jobs. *Journal of Management Development,* v. 11, n. 7, p. 10-7, 1992.
STONER, J. A. F.; FREEMAN, R. E. *Administração.* 5. ed. Rio de Janeiro: Prentice Hall Brasil, 1995.
TONELLI, M. J.; ALCADIPANI, R. O trabalho dos executivos: a mudança que não ocorreu. In: ENCONTRO DA ASSOCIAÇÃO NACIONAL DE PÓS-GRADUAÇÃO E PESQUISA EM ADMINISTRAÇÃO, 27, 2003, Atibaia-SP. *Anais...* Atibaia-SP: Anpad, 2003. [CD-ROM].
YUKL, G. A. *Leadership in organizations.* 4. ed. Upper Saddle River - NJ: Prentice Hall, 1998.
ZARIFIAN, P. *Objetivo competência.* São Paulo: Atlas, 2001.

Capítulo 2

AGOSTINHO, M. C. E. Administração complexa: revendo as bases científicas da administração. *RAE-eletrônica,* v. 2, n. 1, p. 1-18, jan.–jun. 2003.
ANDERSON, P. Complexity theory and organization science. *Organization Science,* v. 10, n. 3, p. 216-32, mai–jun. 1999.

REFERÊNCIAS

AUGUSTO, P. O. M. Teoria institucional: qual o lugar da agência? In: *Anais do XXXI Encontro Anual da Anpad*, Rio de Janeiro: Anpad, 2007. [CD-ROM].

ASTLEY, W. G.; VAN DE VEN. Debates e perspectivas centrais na teoria das organizações. *Revista de Administração de Empresa*, v. 45, n. 2, 2005.

AXELROD, R.; COHEN, M. D. *Harnessing complexity*: organizational implications of a scientific frontier. Nova York: The Free Press, 2000.

BERGER, P. L.; LUCKMAN, T. *A construção social da realidade*. 20. ed. Petrópolis: Vozes, 1985.

DIJKSTERHUIS M. S. *et al.* Where do new organizational forms come from? Management logics as a source of coevolution. *Organization Science*, v. 10, n. 5, p. 569-82, set.–out. 1999. Focused Issue: Coevolution of Strategy and New Organizational Forms.

HOLLAND, J. Sistemas complexos adaptativos e algoritmos genéticos. In: NUSSENZVEIG, H. M. *Complexidade e caos*. Rio de Janeiro: UFRJ/Copea, 1999, p. 213-30.

KELLY, S.; ALISSON, M. A. *The complexity advantage*: how the science of complexity can help your business achieve peak performance. Nova York: McGraw Hill, 1998.

LORENZ, E. N. *A essência do caos*. Brasília: UnB, 1996.

MEYER, J. W.; ROWAN, B. Institutionalized organizations: formal structure as myth and ceremony. In: POWELL, W. W.; DIMAGGIO, P. J. (orgs.). *The new institutionalism in organizations analysis*. Londres: The University of Chicago Press, 1991.

MINTZBERG, H.; AHLSTRAND, B.; LAMPEL, J. *Safári de estratégia*: um roteiro pela selva do planejamento estratégico. Porto Alegre: Bookman, 2000.

MOLDOVEANU, M. C.; BAUER, R. M. On the relationship between organizational complexity and organizational structuration. *Organization Science*, v. 15, n. 1, p. 98-118, jan.–fev. 2004.

MORIN, E. O pensamento complexo, um pensamento que pensa. In: MORIN, E.; LE MOIGNE, J.-L. *A inteligência da complexidade*. 2. ed. São Paulo: Peirópolis, 2000, p. 198-213.

MORIN, E.; LE MOIGNE, J.-L. *A inteligência da complexidade*. 2. ed. São Paulo: Peirópolis, 2000.

MOSS, M. Sensemaking, complexity and organizational knowledge. *Knowledge and process management*, v. 8, n. 4, p. 217-32, 2001.

RAMOS, A. G. *Administração e contexto brasileiro*. 2. ed. Rio de Janeiro: FGV, 1983.

REBELO, L. M. B. *A dinâmica do processo de formação de estratégias de gestão em universidades*: a perspectiva da teoria da complexidade. 2004. Tese (Doutorado em Engenharia de Produção) – Universidade Federal de Santa Catarina, Florianópolis, 2004.

REIMBOLD, M.F.; BREILLOT, J.M. *Gerer la competence dans L´entreprise*. Paris: Editions L´Harmattan, 1995.

SILVA, A. B.; REBELO, L. M. B. A emergência do pensamento complexo nas organizações. *Revista de Administração Pública*, Rio de Janeiro, v. 37, n. 4, p. 777-96, jul.–ago. 2003.

STACEY, R. D. *Complexity and creativity in organizations*. San Francisco: Berrett-Koehler Publishers, Inc., 1996.

THOMPSON, J. D. *Dinâmica organizacional*: fundamentos sociológicos e teoria administrativa. São Paulo: McGraw Hill do Brasil, 1976.

ZARIFIAN, P. *Objetivo competência*: por uma nova lógica. São Paulo: Atlas, 2001.

ZIMMERMAN, B. Complexity science: a route through hard times and uncertainty. *Health Forum Journal*, v. 42, n. 2, p. 42-6, mar.–abr. 1999.

Capítulo 3

ANTONACOPOULOU, E. P. Desenvolvendo gerentes aprendizes dentro de organizações de aprendizagem: o caso de três grandes bancos varejistas. In: EASTERBY-SMITH, M. *et al. Aprendizagem organizacional e organização de aprendizagem*: desenvolvimento na teoria e na prática. São Paulo: Atlas, 2001, p. 263-92.

ARGYRIS, C.; SCHON, D. A. *Theory in practice*: increasing professional effectiveness. San Francisco: Jossey-Bass Publishers, 1974.

BRITO, M. J.; BRITO, V. G. P. Aprendizagem nas organizações: teorias e reflexões. In: ENCONTRO DA ASSOCIAÇÃO NACIONAL DE PÓS-GRADUAÇÃO E PESQUISA EM ADMINISTRAÇÃO, 21, 1997, Rio de Janeiro. *Anais...* Rio de Janeiro: Anpad, 1997. [CD-ROM].

BROWN, R. B. Contemplating the emotional component of learning: the emotions and feelings involved when undertaking an MBA. *Management Learning*, v. 31, n. 3, p. 275-93, 2000.

BUNNING, C. R. The reflective practioner: a case study. *Journal of Management Development*, v. 11, n. 1, p. 25-38, 1992.

CROSSAN, M. *et al.* Organizational learning: dimensions for a theory. *International Journal of Organizational Analysis*, v. 3, n. 4, p. 337-60, 1995.

CROSSAN, M. *et al.* Organizational learning: toward a theory. *Working Paper Series,* Londres, Richard Ivey School of Business, p. 1-43, mai 1998.

DOZ, Y. L.; HAMEL, G. *A vantagem das alianças*: a arte de criar valor através de parcerias. Rio de Janeiro: Qualitymark, 2000.

EASTERBY-SMITH, M. Disciplines of organizational learning: contributions and critiques. *Human Relations*, v. 50, n. 9, p. 1085-113, 1997.

FIOL, C. M.; LYLES, M. A. Organizational learning. *Academy of Management Review*, v. 10, n. 4, p. 803-13, 1985.

FLEURY, M. T. L. Aprendendo a mudar – aprendendo a aprender. *Revista de Administração da Universidade de São Paulo*, v. 30, n. 3, p. 5-11, 1995.

GARVIN, D. Building a learning organization. *Harvard Business Review*, v. 71, n. 4, p. 78-91, 1993.

GRANT, J. H.; GNYAWALI, D. R. Strategic process improvement through organizational learning. *Strategy & Leadership*, v. 24, n. 3, p. 28-33, 1996.

HUBER, G. Organizational learning: the contributing processes and the literatures. *Organizational Science*, v. 2, n. 1, p. 88-115, 1991.

HURST, D. K. *Crise e renovação*: enfrentando o desafio da mudança organizacional. São Paulo: Futura, 1996.

KIM, D. H. The link between individual and organizational learning. *Sloan Management Review*, v. 35, n. 1, p. 37-50, 1995.

MCGEE, J.; PRUSAK, L. *Gerenciamento estratégico da informação*: aumente a competitividade e a eficiência de sua empresa utilizando a informação como uma ferramenta estratégica. Rio de Janeiro: Campus, 1994.

MERRIAM, S.; CAFFARELLA, R. *Learning in adulthood*: a comprehensive guide. San Francisco: Jossey-Bass, 1991.

MINTZBERG, H. *et al. Safári de estratégia*: um roteiro pela selva do planejamento estratégico. Porto Alegre: Bookman, 2000.

NEVIS, E. C. *et al.* Understanding organizations as learning systems. *Sloan Management Review*, v. 36, n. 2, p. 73-85, inverno 1995.

NICOLINI, D.; MEZNAR, M. B. The social construction of organizational learning: conceptual and practical issues in the field. *Human Relations*, v. 48, n. 7, p. 727-46, 1995.

PAWLOWSKY, P. The treatment of organizational learning in management science. In: DIERKES, M. *et al. Handbook of organizational learning and knowledge.* Nova York: Oxford University Press, 2001, p. 61-88.

QUINN, J. B. *et al.* Novas formas de organização. In: MINTZBERG, H.; QUINN, J. B. (orgs.). *O processo de estratégia.* 3. ed. Porto Alegre: Bookman, 2001, p. 157-67.

SENGE, P. (org.). *A dança das mudanças.* Rio de Janeiro: Campus, 1999.

SILVA, A. B.; GODOI, C. K. O processo de aprendizagem como balizador para o desenvolvimento de um modelo de competências para uma empresa do setor elétrico. In: *Anais do XXVII Enanpad*, Atibaia-SP, 2003. [CD-ROM].

STARKEY, K. What can we learn from the learning organization? *Human Relations*, v. 51, n. 4, p. 531-46, 1998.

TAMKIN, P.; BARBER, L. Learning to manage. *Institute for Employment Studies Reports,* report 345, 1998.

Capítulo 4

ANDION, C. Ser ou estar gerente: reflexões sobre a trajetória e o aprendizado gerenciais. In: XXVI Enanpad, 2002, Salvador- BA. Anais do XXVI Enanpad. Rio de Janeiro: Anpad, 2002.

ARGYRIS, C.; SCHON, D. A. *Theory in practice*: increasing professional effectiveness. San Francisco: Jossey-Bass Publishers, 1974.

CRANTON, P. *Understanding and promoting transformative learning*: a guide for educators of adults. San Francisco: Jossey-Bass Publishers, 1994.

DAFT, R. L. *Organizações*: teoria e projetos. São Paulo: Pioneira Thomson Learning, 2003.

DECHANT, K. Knowing how to learn: the "neglected" management ability. *Journal of Management Development*, v. 9, n. 4, p. 40-9, 1990.

DE LOO, I.; VERSTEGEN, B. Does action learning lead to organizational growth? *Mid-Atlantic Journal of Business*, v. 37, n. 1, p. 55-64, mar. 2001.

DEWEY, J. *Democracia e educação*: introdução à filosofia da educação. 4. ed. São Paulo: Nacional, 1979.

FOX, S. From management education and development to the study of management learning. In: BURGOYNE, J.; REYNOLDS, M. (eds.). *Management learning*: integrating perspectives in theory and practice. Londres: Sage, 1997, p. 21-37.

GHERARDI, S. *et al.* Toward a social understanding of how people learn in organizations. *Management Learning*, v. 29, n. 3, p. 273-97, 1998.

GOLD, J. A empresa que aprende baseada no conhecimento. In: CLARKE, T.; MONKHOUSE, E. *Repensando a empresa*. São Paulo: Pioneira, 1995.

HILL, L. A. *Novos gerentes*: assumindo uma nova identidade. São Paulo: Makron Books, 1993.

LUCENA, E. A. *A aprendizagem profissional de gerentes-proprietários do setor de varejo de vestuário de Florianópolis*. 2001. Tese (Doutorado em Engenharia de Produção) – Centro Tecnológico, Universidade Federal de Santa Catarina, Florianópolis, 2001.

MARSICK, V. Experience-based learning: executive learning outside the classroom. *Journal of Management Development*, v. 9, n. 4, p. 50-60, 1990.

MCLEOD, H. Teachers' working knowledge: the value of lived experience. *ultiBASE Articles*, p. 1-10, nov. 2001.

MERRIAM, S.; CAFFARELLA, R. *Learning in adulthood*: a comprehensive guide. San Francisco: Jossey-Bass, 1991.

PAULSSON, K.; SUNDIN, L. Learning at work – a combination of experience-based learning and theoretical education. *Behavior & Information Technology*, v. 19, n. 3, p. 181-8, 2000.

RUDERMAN, M. N.; OHLOTT, P. L. *Learning from life*: turning life's lessons into leadership experience. North Carolina: Center for Creative Leadership, 2000.

SCHON, D. A. *Educando o profissional reflexivo*: um novo design para o ensino e a aprendizagem. Porto Alegre: Artes Médicas Sul, 2000.

SCHON, D. A. *The reflective practitioner*: how professionals think in action. Nova York: Basic Books, 1983.

SILVA, M. A. *A aprendizagem de professores da Universidade Federal de Santa Catarina para dirigir as unidades universitárias*. 2000. Tese (Doutorado em Engenharia de Produção) – Centro Tecnológico, Universidade Federal de Santa Catarina, Florianópolis, 2000.

STACEY, R. *Pensamento estratégico e gestão da mudança*. Lisboa: Dom Quixote, 1998.

STEWART, T. A. *Capital intelectual:* a nova vantagem competitiva das empresas. Rio de Janeiro: Campus, 1998.

TAMKIN, P.; BARBER, L. Learning to manage. *Institute for Employment Studies Reports*, report 345, 1998.

TAYLOR, E. W. *The theory and practice of transformative learning*: a critical review. Ohio: Center on Education and Training for Employment, 1998. (Information Series, n. 374).

YORKS, L. The emergence of action learning. *Training & Development*, v. 54, n. 1, p. 56, jan. 2000.

ZARIFIAN, P. *Objetivo competência*: por uma nova lógica. São Paulo: Atlas, 2001.

Capítulo 5

BENNIS, W. *On becoming a leader*. Reading, MA: Addison-Wesley, 1989.

CLARK, K. E.; CLARK, M. B. Choosing to lead. 2. ed. North Carolina: Greensboro; Center for Creative Leadership, 1996.

DEWEY, J. *Democracia e educação:* introdução à Filosofia da Educação. 4. ed. São Paulo: Nacional, 1979.

DEWEY, J. *Vida e educação.* 8. ed. Tradução e estudo preliminar por Anísio Teixeira. São Paulo: Melhoramentos, 1973.

FERRY, N. M.; ROSS-GORDON, J. M. An inquiry into Schön's epistemology of practice: exploring links between experience and reflective practice. *Adult Education Quarterly,* v. 48, n. 2, p. 98-112, inverno 1998.

HILL, L. A. Desenvolvendo as estrelas do desempenho. In: HESSELBEIN, F.; COHEN, P. M. *De líder para líder.* São Paulo: Futura, 1999, p. 295-306.

HILL, L. A. *Novos gerentes:* assumindo uma nova identidade. São Paulo: Makron Books, 1993.

LINDEMAN, E. C. *The meaning of adult education.* Nova York: New Republic, 1926.

McCALL, M. *et al. The lessons of experience:* how successful executives develop on the job. Lexington, MA: Lexington Books, 1988.

MCLEOD, J. H. Teachers' working knowledge: the value of lived experience. *ultiBASE Articles,* p. 1-10, nov. 2001.

MERRIAM, S. B.; YANG, B. A longitudinal study of adult life experiences and developmental outcomes. *Adult Education Quarterly,* v. 46, n. 2, p. 62-81, inverno 1996.

QUICK, J. D. *et al.* Successful executives: how independent? *Academy of Management Executive.* v. 1, n. 2, p. 139-45, mai. 1987.

REGO, A.; CARVALHO, T. Motivos de sucesso, afiliação e poder: evidência confirmatória do constructo. *Psicologia: teoria e pesquisa.* Brasília, v. 18, n. 1, p. 17-26, jan.-abr. 2002.

RUDERMAN, M. N.; OHLOTT, P. L. *Learning from life*: turning life's lessons into leadership experience. North Carolina: Center for Creative Leadership, 2000.

SCHON, D. A. *Educando o profissional reflexivo*: um novo design para o ensino e a aprendizagem. Porto Alegre: Artes Médicas Sul, 2000.

SCHON, D. A. *The reflective practitioner*: how professionals think in action. Nova York: Basic Books, 1983.

SILVA, J. V. A. *et al.* O significado de sucesso para os gerentes de uma empresa multinacional. *Facef Pesquisa,* v. 10, n. 1, p. 35-46, 2007.

TAMKIN, P.; BARBER, L. Learning to manage. *Institute for Employment Studies Reports,* report 345, 1998.

TEIXEIRA, A. A pedagogia de Dewey. In: DEWEY, J. *Vida e educação.* 8. ed. Tradução e estudo preliminar por Anísio Teixeira. São Paulo: Melhoramentos, 1973.

VAN MANEN, M. *Researching lived experienced*: human science for an action sensitive pedagogy. Nova York: State University of New York Press, 1990.

XAVIER, R. A. P. *Sua carreira*: planejamento e gestão. São Paulo: Prentice Hall, 2006.

Capítulo 6

BROWN, J. S.; DUGUID, P. Knowledge an organization: a social-practice perspective. *Organization Science,* v. 12, n. 2, p. 198-213, mar.–abr. 2001.

BRUNER, J. S.; HASTE, H. *Making sense.* Londres: Merhuen, 1987.

CLARK, K. E.; CLARK, M. B. Choosing to lead. 2. ed. North Carolina:Greensboro; Center for Creative Leadership, 1996.

CRANTON, P. *Understanding and promoting transformative learning*: a guide for educators of adults. San Francisco: Jossey-Bass Publishers, 1994.

ELKJAER, B. Em busca de uma teoria de aprendizagem social. In: EASTERBY-SMITH, M. *et al*. *Aprendizagem organizacional e organização de aprendizagem*: desenvolvimento na teoria e na prática. São Paulo: Atlas, 2001.

FREIRE, P. *Pedagogia do oprimido*. Rio de Janeiro: Paz e Terra, 1987.

GHERARDI, S.; NICOLINI, D. The organization learning of safety in communities of practice. *Journal of Management Inquiry*, v. 9, n. 1, p. 7-18, 2000.

GHERARDI, S. *et al*. Toward a social understanding of how people learn in organizations. *Management Learning*, v. 29, n. 3, p. 273-97, 1998.

GIDDENS, A. *Novas regras do método sociológico*. Rio de Janeiro: Zahar, 1978.

LAVE, J.; WENGER, E. *Situated learning*: legitimate peripheral participation. Nova York: Cambridge University Press, 1991.

LE BOTERF, G. *Desenvolvendo a competência dos profissionais*. 3. ed. Porto Alegre: Artmed, 2003.

LUCENA, E. A. *A aprendizagem profissional de gerentes-proprietários do setor de varejo de vestuário de Florianópolis*. 2001. Tese (Doutorado em Engenharia de Produção) – Centro Tecnológico, Universidade Federal de Santa Catarina, Florianópolis, 2001.

MCLEOD, J. H. Teachers' working knowledge: the value of lived experience. *ultiBASE Articles*, p. 1-10, nov. 2001.

MERRIAM, S. B.; YANG, B. A longitudinal study of adult life experiences and developmental outcomes. *Adult Education Quarterly*, v. 46, n. 2, p. 62-81, inverno 1996.

NICOLINI, D.; MEZNAR, M. B. The social construction of organizational learning: conceptual and practical issues in the field. *Human Relations*, v. 48, n. 7, p. 727-46, 1995.

RUDERMAN, M. N.; OHLOTT, P. L. *Learning from life*: turning life's lessons into leadership experience. North Carolina: Center for Creative Leadership, 2000.

SILVA, A. B.; REBELO, L. M. B. A gênese da aprendizagem no contexto social: a experiência vivida de gerentes. *Revista Alcance*: revista da Universidade do Vale do Itajaí, v. 13, n. 1, p. 9-27, jan.–abr. 2006.

TAMKIN, P.; BARBER, L. Learning to manage. *Institute for Employment Studies Reports,* report 345, 1998.

ZARIFIAN, P. *Objetivo competência*: por uma nova lógica. São Paulo: Atlas, 2001.

Capítulo 7

ANTONACOPOULOU, E.; GABRIEL, Y. Emotion, learning and organizational change: towards an integration of psychoanalytic and other perspectives. *Journal of Organizational Change Management*, v. 14, n. 5, 2001.

ASHFORTH, B. E.; HUMPHREY, R. H. Emotion in the workplace: a reappraisal. *Human Relations*, v. 48, n. 2, p. 97-125, fev. 1995.

BARTOLOMÉ. Executives as human beings. *Harvard Business Review*, v. 50, p. 62-9, nov.–dez. 1972.

BARTOLOMÉ, F.; EVANS, P. A. L. Must success cost so much? *Harvard Business Review*, p. 137-48, mar.–abr. 1980.

REFERÊNCIAS

BROWN, R. B. Contemplating the emotional component of learning: the emotions and feelings involved when undertaking an MBA. *Management Learning*, v. 31, n. 3, p. 275-93, 2000.

CASTELHANO, L. M. O medo do desemprego e a(s) nova(s) organização(ões) de trabalho. *Psicol. Soc.*, Porto Alegre, v. 17, n. 1, jan.–abr. 2005.

DEWEY, J. *Democracia e educação*: introdução à filosofia da educação. 4. ed. São Paulo: Nacional, 1979.

GABRIEL, Y.; GRIFFITHS, D. S. Emotion, learning and organizing. *The Learning Organization*, v. 9, n. 5, p. 214-21, 2002.

GODOI, C. K. *Categorias da motivação na aprendizagem.* 2001. Tese (Doutorado em Engenharia de Produção) – Programa de Pós-Graduação em Engenharia de Produção, Universidade Federal de Santa Catarina, Florianópolis, 2001.

GREENHAUS, J. H.; BEUTELL, N. J. Sources of conflict between work and family roles. *Academy of Management Review*, v. 10, n. 1, p. 76-88, 1985.

MARCHESE, M. C. *et al.* Work-family conflict: a virtue ethics analysis. *Journal of Business Ethics*, v. 40, n. 2, p. 145-54, 2002.

McCALL, M. *et al. The lessons of experience*: how successful executives develop on the job. Lexington, MA: Lexington Books, 1988.

MEINICKE, D. *O medo na gerência.* 2003. Dissertação (Mestrado em Engenharia de Produção) – Centro Tecnológico, Universidade Federal de Santa Catarina, Florianópolis, 2003.

MEINICKE, D.; SILVA, A. B. Vivenciando o medo na prática gerencial. In: XXXI Enanpad, Rio de Janeiro-RJ. *Anais...* Rio de Janeiro-RJ: Anpad, 2007. [CD-ROM].

PLECK, J. H. *et al.* Conflict between work and family life. *Monthly Labor Review*, v. 103, n. 3, p. 29-32, 1980.

ROULEAU, L. Emoção e repertórios de gênero nas organizações. In: DAVEL, E.

SILVA, A. B. *A vivência de conflitos entre a prática gerencial e as relações em família.* 2005. 272 fls. Tese (Doutorado em Engenharia de Produção) – Programa de Pós-graduação em Engenharia de Produção, Universidade Federal de Santa Catarina, Florianópolis, 2005.

SMYRNIOS, K. X. *et al.* Work-family conflict: a study of American and Australian family businesses. *Family Business Review*, v. 16, n. 1, p. 35-51, mar. 2003.

TONELLI, M. J. Organizações, relações familiares e amorosas. In: DAVEL, E.

TONELLI, M. J.; ALCADIPANI, R. O trabalho dos executivos: a mudança que não ocorreu. In: XXVII Enanpad. Atibaia-SP. *Anais...* Atibaia-SP: Anpad, 2003. [CD-ROM].

VERGARA, S. C. (org.) *Gestão com pessoas e subjetividade.* São Paulo: Atlas, 2001. p. 243-62.

ZALEZNIK, A. *Management of disappointment.* Harvard Business Review, p. 35-46, nov.–dez. 1967.

Impressão e Acabamento
Editora Parma